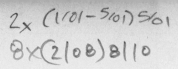

2x (1/01 - 5/01) 5/01
8x (2/08) 8/10

**LATIN TRADING CORP./DBA LIBRERIA
LATINOAMERICANA. AMPLIO SURTIDO DE LIBROS
EN ESPAÑOL/WIDE VARIETY OF SPANISH BOOKS**
539 H ST. STE. B, CHULA VISTA, CA 91910-4301
(619)427-7867 * FAX 476-1817 * 1(800)257-7248
E-Mail: latintr@flash.net

El nuevo libro de los nombres

Francis y Carlota Rey

El nuevo libro
de los nombres

Si usted desea que le mantengamos informado
de nuestras publicaciones, sólo tiene que
remitirnos su nombre y dirección, indicando
qué temas le interesan, y gustosamente
complaceremos su petición.

Ediciones Robinbook
Información bibliográfica
Apdo. 94085 - 08080 Barcelona
e-mail:robinbook@abadia.com

www.robinbook.com

© 1999, Ediciones Robinbook, s. l.
   Apdo. 94085 - 08080 Barcelona.
Diseño cubierta: Regina Richling
ISBN: 84-7927-442-5
Depósito Legal: B-42.230-1.999
Impreso por A & M Gràfic, (Pol. La Florida-Arpesa), 08130 Sta. Perpètua de Mogoda

Impreso en España - *Printed in Spain*

Introducción

Nuestro nombre personal nos acompaña durante toda la vida. Desde la niñez nos identifica en el ámbito familiar, con los amigos, en la escuela y, más tarde, en nuestra vida sentimental, social y laboral. Es el más permanente e íntimo signo de nuestra identidad, la palabra que nos presenta ante el mundo. Por eso es importante que sepamos algo de él: su origen, su significado, sus características y tendencias de destino, así como de las personalidades que lo han llevado a lo largo de la historia.

La historia de los nombres comenzó cuando los individuos necesitaron distinguirse unos de otros. Lo hicieron a partir de características físicas (moreno, pelirrojo, fuerte, etc.) o de los sitios donde vivían o de dónde provenían (el de la colina, la que vino del mar, el que vive junto a la arboleda, etc.). Con frecuencia se utilizaron virtudes guerreras (bueno en el combate, poderoso luchador, invencible con la lanza, etc.), o la posición en la jerarquía del clan o comunidad (gran jefe, sabio consejero, hija de hombre importante, líder del ejército, etc.). Más tarde se dieron nombres que expresaban atributos de carácter (justiciero, dulce, amable, implacable, amistosa, impasible, leal, etc.), y también los oficios y actividades que fueron especializando el trabajo (herrero, granjero, carpintero, etc.). Los nombres que se daban al nacer referían a la posición familiar o a los deseos paternos respecto al futuro del recién nacido. Posteriormente fue habitual agregar apodos según la conducta y características de la persona joven o adulta dentro de la vida común. Un ejemplo conocido es el de Roy Díaz de Vivar, a quien los árabes llamaron *El Cid* (el líder), y con ese nombre pasó a la historia. Finalmente el desarrollo de las religiones tuvo una fuerte influencia en la onomástica, introduciendo los nombres de los patriarcas y profetas bíblicos, los del santoral cristiano, o la fe musulmana, así como las virtudes de devoción y piedad religiosa.

Los nombres que se utilizan en la actualidad provienen de toda esa rica tradición cultural, espiritual e histórica, que en esta obra seleccionamos y resumimos en forma de fichas y listas que facilitan la consulta. Entre los nombres españoles hemos escogido los más comunes en lengua hispana, aunque muchos provengan de otras tradiciones culturales. Incluimos la equivalencia en otras lenguas de España y Europa, y también las variantes y diminutivos más comunes. Se explica asimismo el origen, significado y características, reseñando los personajes célebres que lo han llevado o lo llevan en la actualidad. En este apartado de nombres españoles se ha intentado que figure como entrada principal la variante (masculina o femenina) más común; en los casos en que ambas variantes son de igual difusión, la entrada hace aparecer las dos formas (por ejemplo, *Adriano/Adriana*). Respecto a los nombres extranjeros, hemos seleccionado los más habituales en cada lengua, en especial aquellos cuyo uso se ha extendido a otras zonas geográficas. En estas listas se incluyen el origen y significado de cada nombre. Se presenta también una tabla de equivalencia onomástica de las lenguas oficiales de España.

Finalmente, dedicamos el último apartado a los nombres más comunes de animales domésticos, en especial los que provienen de otras lenguas o culturas.

I. Nombres españoles

Aarón

Otras lenguas *Catalán*: Aaró, Aaron.

Onomástica 1 de julio.

Origen y significado Nombre de origen hebreo, su significado tiene varias interpretaciones: luz o iluminado, montañés, instructor, alto...

Características Persona muy tranquila y equilibrada, con un carácter romántico y sensitivo. Tiene una gran capacidad de análisis y reflexión que le permiten vencer los obstáculos que puedan presentarse.

Anécdota La forma árabe es Harún y es uno de los personajes de *Las mil y una noches*.

Personajes célebres El primer Aarón conocido es el hermano mayor de Moisés, que fue el primer sacerdote de los hebreos. También destaca San Aarón que fue un mártir inglés del siglo IV. Actualmente este nombre es más común en el mundo anglosajón, como el caso del compositor Aarón Copland.

Abel

Variantes   Abelardo.

Onomástica   25 de marzo.

Origen y significado   Palabra hebrea *hevel* que significa vanidad o fugacidad; también puede ser de origen asirio, de la palabra *habel*, que significa hijo.

Características   Tiene un carácter enérgico y conciliador que le resulta muy útil en las reuniones y trabajos de equipo, donde sabe imponerse sin parecer opresivo.

Anécdota   Es el nombre de uno de los hijos de Adán y Eva en el Génesis. Fue muy común durante la Edad Media y lo llevaba un rey danés del siglo XIII que asesinó a su hermano para acceder al trono, alterando así la tradición bíblica.

Personajes célebres   Es un nombre poco común. San Abel fue arzobispo de Reims en el siglo VIII. Abel Matutes es un político destacado en el panorama internacional.

Abelardo

Otras lenguas   *Catalán*: Abelard. *Francés*: Abelard; *italiano*: Averardo.

Onomástica   25 de marzo.

Origen y significado   Forma derivada de Abel mediante el sufijo germánico –*hard*, que significa fuerte o duro. Su origen es medieval y en esa época fue muy usado.

Características   Persona de carácter metódico y organizado, con grandes ambiciones que consigue luchando por ellas.

Anécdota   Su uso se generalizó a partir del romance entre Abelardo y Eloísa, amantes que huyeron juntos en el siglo XII, abandonando ambos sus obligaciones religiosas. Se utiliza como nombre y como apellido.

Abigail

Otras lenguas   *Catalán*: Abigail. *Inglés, francés*: Abigail; *italiano*: Abigaille.

Diminutivos   Abi, Gail, forma muy común en inglés.

Onomástica   No tiene.

Origen y significado   Del hebreo *ab-ghilah*, alegría del padre o fuente de alegría.

Características   Persona alegre y extrovertida, tiene mucha facilidad para relacionarse y tener éxito social. Su buen carácter no impide que sea temperamental e impulsiva.

Anécdota   Personaje bíblico esposa de Nabal, que despertó una gran pasión en el rey David, con quien se casó cuando enviudó de su primer marido.

Abraham

Otras lenguas   *Catalán, vasco, gallego*: Abraham. *Inglés, francés*: Abraham; *italiano*: Abramao; *portugués*: Abrâo; *árabe*: Ibrahim.

Diminutivos   Abe, en inglés.

Onomástica   16 de marzo

Origen y significado   Nombre del gran patriarca bíblico. Según algunos estudios el nombre original era Abrah o Abram, que significa padre excelso. Fue Yavé quien, tras la prueba del sacrificio de su único hijo Isaac lo cambió por el de Abraham, padre de multitudes.

Características   Es un hombre muy sensible y emotivo, al que se le puede herir fácilmente. También es nervioso y muy disperso, lo que puede ser negativo en su vida profesional y privada.

Personajes célebres Abraham Lincoln, presidente de los Estados Unidos.

Ada

Otras lenguas *Catalán, gallego*: Ada.

Onomástica 4 de diciembre.

Origen y significado Del hebreo, *adah*, ornamento, belleza.

Características Mujer sensible y emotiva, se refugia en un mundo ideal en su fantasía, porque se siente herida fácilmente. Es generosa y altruista.

Anécdota Es el nombre de la primera esposa de Esaú en la Biblia. También se usa como diminutivo de Adela, Adelaida, etc.

Adalberto

Otras lenguas *Catalán*: Adalbert; *gallego*: Adalberto.

Variantes Adelberto, Alaberto, Edelberto, Etelberto.

Diminutivos Berto.

Onomástica 22 de abril.

Origen y significado De origen germánico, de *athal*, noble y *berth*, brillante, famoso, significa famoso por su nobleza.

Características Es autoritario y enérgico, está capacitado para dirigir y mandar y le gusta hacerlo; es muy responsable y consciente de sus obligaciones. Su mayor defecto es la intolerancia que puede mostrar en ciertas ocasiones.

Anécdota San Adalberto fue un obispo del siglo X.

Personajes célebres Adalberto von Chamisso, fue un escritor alemán.

Adán

Otras lenguas *Catalán*: Adam; *gallego*: Adán. *Inglés, francés*: Adam; *italiano*: Adamo; *portugués*: Adâo.

Onomástica 29 de julio.

Origen y significado Del hebreo *Adam*, que significa el formado por la tierra, o arcilloso, haciendo referencia al primer hombre de la Biblia que fue hecho por Dios moldeado con arcilla o barro.

Características Persona muy sensible y tímida con una personalidad muy dada a la imaginación y la evasión, le cuesta mucho ceñirse a la realidad.

Anécdota Es el nombre del primer hombre del Génesis, que vivió en el paraíso junto a su esposa Eva, del que luego serían expulsados a causa del pecado original.

Personajes célebres Adam Smith, economista escocés del siglo XVIII; Adam Mickiewicz, poeta polaco del romanticismo; Adam Schaff, historiador y sociólogo polaco.

Adela

Otras lenguas *Catalán, gallego*: Adela. *Inglés*: Ethel; *francés*: Adèle; *alemán*: Ada; *italiano*: Adele.

Variantes Adelia, Adelina, Adila, Edel, Edelia, Ethel.

Diminutivos Delia, Alina o Lina, se usan a veces como diminutivos, aunque son nombres distintos.

Onomástica 8 de septiembre.

Origen y significado Su origen es germánico, de las palabras *ald*, viejo o anciano y *athal*, noble, por lo que su significado puede ser caudillo o nobleza.

Características Tiene grandes dotes artísticas; es inquieta, curiosa y amante de los cambios. Puede mostrarse distante y difícil de acceder para conservar su independencia y libertad.

Anécdota Santa Adela era hija de un rey de Francia del siglo VIII que llegó a ser abadesa de un monasterio cercano a Trèves.

Personajes célebres Adèle Hugo, hija del célebre escritor Victor Hugo; Adela Patti, cantante soprano española del siglo XIX.

Adelaida

Otras lenguas *Catalán, gallego*: Adelaida. *Inglés*: Adelaide; *francés*: Adelaïde; *alemán*: Adelheid; *italiano*: Adelaida.

Variantes Adelasia.

Onomástica 16 de diciembre.

Origen y significado Origen germánico, formado por la palabras *athal*, noble, y *heidus*, estirpe o clase.

Características Persona muy práctica y de acción, tiene una personalidad muy fuerte, lo que la puede llevar a ser demasiado estricta o intolerante.

Anécdota La Adelaida más famosa es una ciudad australiana fundada en 1836 en honor a la esposa del rey de Inglaterra Guillermo IV, conocida como «la buena Adelaida».

Personajes célebres Santa Adelaida fue reina de Italia y emperatriz del Sacro Imperio Romano Germánico en el siglo X. Se casó con Lotario II de Italia, después con Otón I el Grande y estuvo asociada al poder hasta llegar a ser regente durante la minoría de edad de su nieto Otón III.

Adelina

Otras lenguas *Catalán*: Adelina. *Inglés, francés*: Adeline; *italiano*: Adelina.

Variantes Adelvina, Etelvina, Ethelvina, Alina, Adelino, Adalvino.

Onomástica 20 de octubre.

Origen y significado De origen germánico, formado por las palabras, *athal*, noble y *win*, amigo. También se considera el derivado latino de Adela.

Características Persona simpática y muy dinámica con una gran capacidad para realizarse, aunque su sensibilidad exagerada pueda hacerla parecer distante y reservada.

Anécdota Santa Adelina fue nieta de Guillermo el conquistador y fundó varios monasterios en el siglo XII.

Personajes célebres San Adelino fundó el monasterio de Celles y es patrón de la ciudad de Visé, en Francia.

Adolfo

Otras lenguas *Catalán*: Adolf; *gallego*: Adolfo. *Inglés*: Adolphus; *francés*: Adolphe; *alemán*: Adolf.

Variantes Ataúlfo, Adulfo.

Onomástica 27 de septiembre.

Origen y significado De origen germánico, formado por las palabras *athal*, noble y *wulf*, lobo, que se identifica con un animal guerrero, proporcionándole así el significado de guerrero noble.

Características Persona metódica, organizada, dinámica y fuerte, puede ser muy amable y amistoso, aunque en el fondo siempre es bastante autoritario.

Anécdota Este nombre era muy común en la Europa del Norte, aunque últimamente ha caído en desuso debido a la lamentable notoriedad de Adolf Hitler.

Personajes célebres   Adolfo Suárez, fue presidente de España durante los años 1976 y 1981; Adolfo Marsillach es un conocido actor, director y dramaturgo de teatro y cine.

Adriano/Adriana

Otras lenguas   *Catalán*: Adrià; *gallego*: Hadrián, Hadriano, Adrián, Adrán, Adrao. *Inglés, italiano*: Adrian; *francés*: Adrien.

Variantes   Adrián, Hadrián, Adrión.

Onomástica   8 de septiembre.

Origen y significado   De origen latino, es el gentilicio de la localidad de Adria o Hadria, un puerto sobre el mar Adriático, al que dio nombre. Posteriormente los transportes fluviales han alejado está localidad del mar, es la actual Atri.

Características   Estudioso y hábil, persona tranquila y amante del hogar, su carácter es muy variable y puede llegar a ser demasiado fanático.

Anécdota   Este nombre se popularizó a partir del emperador romano Adriano del siglo II, cuya vida noveló Marguerite Yourcenar en el libro *Memorias de Adriano*.

Personajes célebres   Adrià Gual, dramaturgo catalán de principios del siglo XX.

África

Otras lenguas   *Catalán*: Àfrica.

Variantes   Africana, Áfrico, Africano.

Onomástica   5 de agosto.

Origen y significado   Es el nombre del continente; no se conoce su origen con seguridad, pero se cree que podría provenir del griego *aprica*, expuesto al sol, o de *aphriko*, cálido, sin frío.

Características Persona muy reservada y distante, puede mostrarse muy fría y desdeñosa, pero lo hace para ocultar su inseguridad y fragilidad. Cuando logra superar esa tendencia es cariñosa y afectiva.

Anécdota En España se ha popularizado por la Virgen de África.

Ágata

Otras lenguas *Catalán:* Àgata, Àgada, Àgueda; *gallego*: Ádega; *vasco*: Agate. *Inglés*: Agatha; *francés*: Agathe; *italiano*: Agata.

Variantes Águeda, es la forma más común, también existen Agacia, Agacio, Agatón y Gadea, que era muy frecuente en la Edad Media.

Onomástica 5 de febrero.

Origen y significado Es el nombre de una piedra preciosa y de una flor. Su origen es griego y significa bueno.

Características Es enérgica y voluntariosa, le gusta mucho dirigir, aunque puede ser desconcertante y su actitud es inesperada.

Anécdota Santa Ágata fue una mártir del siglo III. Era una hermosa joven que rechazó el amor del senador Quintiniano, por ello sufrió el martirio de cortarse sus pechos para dejar de ser bella y no verse acosada por su físico.

Personajes célebres Agatha Christie, famosa escritora de novelas de misterio; Ágata Lys, actriz española de la época del «destape»; Ágata Ruiz de la Prada, diseñadora polémica.

Agustín/Agustina

Otras lenguas *Catalán*: Agustí; *vasco*: Augustin, Austin; *gallego*: Agostiño. *Inglés*: Austin; *francés*: Austin, Austen; *alemán*: Augustin; *italiano*: Agostino.

Onomástica 28 de agosto.

Origen y significado De la palabra latina *augustus*, que significa consagrado por los augures. Su uso se generalizó a partir de la llegada al poder del emperador Augusto. Agustín es un derivado de Augusto.

Características Persona muy idealista que le gusta soñar con grandes proyectos, le cuesta mucho expresarse y le gusta la estabilidad y la tranquilidad, a pesar de sus ideales de cambio.

Anécdota San Agustín se considera uno de los creadores de la Iglesia Católica ya que en siglo V sentó muchas de las bases de esta religión.

Personajes célebres Agustina de Aragón, defendió la ciudad de Zaragoza durante el sitio de las tropas napoleónicas, su valor quedó como ejemplo en la historia.
El mexicano Agustín Lara es autor de muchas canciones, algunas muy populares, como el chotis *Madrid*.

Aída

Otras lenguas *Catalán*: Aïda; *gallego*: Aida. *Italiano*: Aida.

Onomástica 2 de febrero.

Origen y significado Variante de Ada.

Características Mujer reservada, soñadora y muy idealista. Es fácil verla relacionada con temas sociales ya que es generosa y altruista.

Anécdota Este nombre se popularizó a partir de la ópera de Verdi que lo lleva por título.

Alán

Otras lenguas *Catalán*: Alà. *Inglés*: Alan; *francés*: Alain; *italiano*: Alan.

Variantes Alano.

Onomástica 27 de noviembre.

Origen y significado   Del celta, *alun*, armonía.

Características   Persona enérgica, inquieta, orgullosa y autoritaria, aunque en el fondo le gusta la tranquilidad. Su mayor defecto es ser demasiado impulsivo.

Anécdota   San Alano fue un dominico bretón que propagó el rezo del rosario, murió en 1475.

Personajes célebres   El actor francés Alain Delon, y el novelista francés del siglo XVIII Alain-René Lesage.

Alba

Onomástica   15 de agosto.

Origen y significado   Su origen es latino y significa blancura, aunque también hace referencia a la aurora, por oposición al color negro de la noche. A pesar de que siempre existió la Virgen del Alba, este nombre se ha difundido enormemente en los últimos años.

Características   Persona reflexiva e introvertida, aunque es muy soñadora e idealista, por lo que tiene un carácter muy cambiante y variaciones rápidas de humor que pueden dificultar su integración en un grupo social.

Anécdota   En España es un nombre ligado a la alta nobleza por la familia de los duques de Alba, cuyo origen se remonta al siglo XV. Según dice la tradición, la duquesa de Alba fue la modelo de Goya en los cuadros de la *maja vestida* y la *maja desnuda*.

Alberto

Otras lenguas   *Catalán*: Albert; *gallego*: Alberte. *Inglés, francés, alemán*: Albert; *italiano*: Alberto.

Variantes   Adalberto, Alberta, Albertina.

Diminutivos   Berto, Berti, Tito.

Onomástica   15 de noviembre.

Origen y significado Nombre germánico formado por *athal*, noble y *berht* brillante, estas palabras dan origen al nombre Adalberto, que significa brillante por su nobleza. Alberto es una variante de Adalberto que con el tiempo ha llegado a ser la más popular.

Características Persona tranquila, honesta y paciente, cuyos defectos pueden ser un exceso de timidez y reserva que le hacen ser muy introvertido y poco sociable.

Anécdota San Alberto el Grande fue un teólogo del siglo XIII que renovó las creencias y fue un sabio en ciencias ocultas. Este nombre fue muy utilizado por las monarquías alemanas; también se popularizó en Bélgica, donde el rey Alberto I fue un héroe durante la I Guerra Mundial.

Personajes célebres Albert Einstein, gran físico alemán fue el descubridor de la Teoría de la Relatividad; también destacan el pintor alemán Albert Durero y el escritor francés Albert Camus.

Aldo

Otras lenguas *Catalán, gallego*: Aldo. *Inglés*: Aldous; *francés, italiano*: Aldo.

Femenino Alda.

Onomástica 10 de enero.

Origen y significado Del germánico *ald*, crecido, viejo, mayor y, por extensión, caudillo importante.

Características Es una persona muy pragmática y algo incrédula, muy desconfiado, prefiere comprobar las cosas por él mismo; es independiente e individualista.

Anécdota San Aldo fue un ermitaño italiano.

Personajes célebres Aldo Moro, político italiano que llegó a ser primer ministro; Aldous Huxley, escritor inglés famoso por su fábula de ciencia ficción *Un mundo feliz*.

Alejandro/Alejandra

Otras lenguas   *Catalán, gallego*: Alexandre; *vasco*: Alesander. *Inglés, francés, alemán*: Alexandre; *italiano*: Alessandro; *ruso*: Aleksander; *húngaro*: Sándor.

Variantes   Alex, Alejo, Alexis.

Diminutivos   Alex, Sandro en italiano y Sasha en ruso.

Onomástica   3 de mayo.

Origen y significado   De origen griego formado por *alexo* y *andros*, que significa el que rechaza al hombre. Este nombre se debe a que Alejandro era el sobrenombre de Paris, encargado de proteger a las tropas del ataque de los ladrones durante la Guerra de Troya.

Características   Persona dinámica e impulsiva, posee una gran elegancia y capacidad de seducción que le abren muchos caminos en la vida social.

Anécdota   El más famoso de la historia fue Alejandro Magno, que llegó a conquistar Grecia, Persia, India, Egipto y la costa oriental del mediterráneo, antes de morir prematuramente a los 32 años. Su nombre se generalizó a partir de su figura y ha sido muy utilizado por reyes y papas.

Personajes célebres   Alexandre Graham Bell, inventor del teléfono; Alejandro Dumas fue una gran novelista francés y Alexandre Gustave Eiffel fue el constructor de la famosa torre parisina.

Alejo

Otras lenguas   *Catalán*: Aleix; *gallego*: Aleixo. *Italiano*: Alessio; *ruso*: Alexis.

Variantes   Alex, Alexia.

Onomástica   17 de febrero.

Origen y significado Palabra de origen griego cuyo significado es el que defiende.

Características Persona agradable, seductora, sociable y alegre. muy interesada en temas sociales y ciencias ocultas.

Anécdota San Alejo abandonó a su esposa la noche de bodas para peregrinar a Tierra Santa.

Personajes célebres Alexis es un nombre ruso muy común, lo llevó un zar del siglo XVII, el padre del famoso Pedro el Grande; Alejo Carpentier es un conocido escritor cubano que obtuvo el Premio Cervantes en 1977.

Alfonso

Otras lenguas *Catalán*: Alfons; *vasco*: Albonsta; *gallego*: Afonso. *Inglés*: Alphonso; *francés*: Alphonse; *alemán*: Alfons; *italiano*: Alfonso.

Variantes Alonso, Ildefonso, Alfonsa, Alfonsina, esta última es el femenino más usado.

Diminutivos Al, Sito.

Onomástica 1 de agosto.

Origen y significado De origen germánico formado por las palabras *hathus*, lucha, *all*, todo o total, y *funs*, preparado, dispuesto. Su significado es guerrero siempre preparado para la lucha.

Características Persona desconfiada y reservada, le cuesta mucho expresarse, aunque en el fondo oculta una gran sensibilidad. Si se consigue su amistad es de una enorme fidelidad y confianza.

Anécdota Es el nombre de trece de los reyes de España. La tradición se inició con Alfonso I de Aragón, rey del siglo XII y se acaba con Alfonso XIII, que ocupó el trono hasta mediados del siglo XX.

Personajes célebres Entre los reyes españoles cabe destacar a Alfonso X el Sabio, autor de varios poemas y cantigas en el siglo XIII. Alfonso Borgia llegó a ser Papa, y el novelista francés Alphonse de Lamartine es uno de los exponentes del Romanticismo.

Alfredo

Otras lenguas *Catalán*: Alfred; *vasco*: Alperda. *Inglés, francés*: Alfred; *alemán*: Alf; *italiano*: Alfredo.

Variantes Aldofrido, Alefrido, Alfrido.

Diminutivos Alf, muy común en Inglés.

Onomástica 26 de agosto.

Origen y significado De origen germánico, de *athal frid*, pacificador noble.

Características Persona de carácter muy sentimental y tierno, para él lo primordial son los sentimientos, lo que lo hace muy sociable y de trato muy fácil y agradable.

Anécdota El inventor sueco Alfred Nobel fue el descubridor de la dinamita y, tras comprobar la capacidad destructiva de su hallazgo, dejó una inmensa fortuna para dar premios mundiales a los mejores científicos que colaboraran, con sus estudios, en el bien de la humanidad. Actualmente el Premio Nobel es uno de los galardones con más prestigio en todos los campos de estudio.

Personajes célebres Alfred Dreyfus era un oficial del ejército francés que protagonizó un famoso escándalo y juicio por xenofobia. Alfred Hitchcock fue el cineasta más destacado del género de suspense.

Alicia

Otras lenguas *Catalán*: Alícia; *gallego*: Alicia. *Inglés, francés, alemán, italiano*: Alice.

Variantes Aleta, Aleteia, Aleth, Alina, Altea.

Onomástica 11 de junio.

Origen y significado En este nombre se unen dos orígenes, uno germánico, con la misma raíz que el nombre de Adelaida, y el griego, con la palabra *alethos*, real, sincero.

Características Persona con una enorme energía y ganas de vivir, es alegre y muy coqueta, pero en ocasiones puede ser demasiado obstinada y ambiciosa.

Anécdota El uso de este nombre se generalizó aún más a partir de la aparición del cuento de Lewis Carroll *Alicia en el país de las maravillas*.

Personajes célebres Santa Alicia fue una abadesa que elaboró un pan con el que se pudo alimentar a la población durante seis años, y creó un manantial que todavía sigue dando agua. Alicia Alonso es una de las grandes bailarinas clásicas de la historia, actualmente sigue en activo dirigiendo el Ballet de Cuba. Alicia de Larrocha es una destacada pianista catalana.

Almudena

Onomástica 10 de noviembre.

Origen y significado Del árabe, *al-madinat*, la ciudad.

Características Mujer emotiva y sensible, puede parecer muy distante, pero es un recurso para mantener su intimidad. Desea una relación estable y formar una familia, ya que necesita mucho afecto y ternura.

Anécdota Es una de las advocaciones marianas, muy popular en España por ser la patrona de Madrid.

Personajes célebres Almudena Grandes, escritora española.

Alonso

Otras lenguas *Catalán*: Alons; *gallego*: Alonso.

Onomástica 30 de octubre.

Origen y significado   Variante de Alfonso.

Características   Es prudente y reservado; le gusta la soledad y las tareas solitarias, aunque en el fondo es muy emotivo y sensible.

Anécdota   El más célebre portador de este nombre es el protagonista de *Don Quijote*, cuyo nombre era Alonso Quijano.

Personajes célebres   Alonso Berruguete, escultor y pintor castellano; Alonso Cano, escultor y arquitecto barroco.

Álvaro

Otras lenguas   *Catalán*: Àlvar; *vasco*: Albar.

Variantes   Alvar, Alvero, Alberico.

Onomástica   19 de febrero.

Origen y significado   De origen germánico, formado por las palabras *all-wars*, muy sabio o precavido.

Características   Muy emotivo y temperamental, es capaz de pasar de un extremo al otro y le cuesta mucho encontrar un equilibrio, por lo que tiene muchos conflictos internos.

Anécdota   *Don Álvaro o la fuerza del sino*, es una obra de teatro del Duque de Rivas, una de las grandes figuras del Romanticismo español. Verdi la convirtió en una famosa ópera *La fuerza del destino*.

Personajes célebres   Álvaro de Luna, político castellano del siglo XV, Alvar Núñez Cabeza de Vaca, conquistador castellano del siglo XVI, Alvar Aalto arquitecto finlandés del siglo XX.

Amadeo

Otras lenguas   *Catalán*: Amadeu. *Francés*: Amédée; *italiano*: Amedeo; *portugués*: Amadeu.

Variantes Amadís.

Onomástica 31 de marzo.

Origen y significado Del latín *ama Deus*, el que ama a Dios o devoto.

Características Amante de la aventura y de los cambios, su carácter está dividido entre dos tendencias contradictorias, por una parte es racional y ordenado, y por la otra es impaciente y caótico.

Personajes célebres Amadeo I, rey de España hasta finales del siglo XIX; Amadeo VIII de Saboya, conde y duque de Saboya en el siglo XV; Amadeo Modigliani, pintor y escultor italiano de principios del siglo XX.

Amalia

Otras lenguas *Catalán*: Amàlia; *gallego*: Amalia.

Masculino Amalio.

Onomástica 10 de julio.

Origen y significado Del griego *amalós*, tierno, suave.

Características Persona enérgica, curiosa y muy nerviosa, puede ser de una gran complejidad de sentimientos, lo que en muchos casos la lleva a preferir la soledad y la introspección.

Personajes célebres San Amalio fue arzobispo de Sens; Amalia Rodríguez es una destacada cantante de fados portuguesa.

Amanda/Amando

Otras lenguas *Catalán, vasco*: Amand. *Francés*: Amand/Amandine; *alemán*: Amandus/Amanda.

Variantes Amante, Amandina.

Onomástica   25 de mayo.

Origen y significado   En este nombre se unen dos tradiciones lingüísticas distintas, por una parte el latín *amandus*, amante, digno de amor; y por otra, el germánico *ald-mann*, hombre ilustre.

Características   Persona con grandes inquietudes y mucha curiosidad, le encanta viajar y conocer lugares lejanos. Puede llegar a ser muy testaruda y bastante egocéntrica.

Anécdota   San Amando fue un obispo alemán del siglo VII, hoy en día es el patrón de los cerveceros.

Amaya

Otras lenguas   *Catalán, vasco*: Maia.

Onomástica   No tiene.

Origen y significado   Nombre de origen vasco cuyo significado es incierto, aunque algunos autores lo interpretan como el principio del fin.

Características   Es independiente, inteligente y dinámica, muy interesada por multitud de temas; es muy nerviosa e imprevisible.

Anécdota   Es un personaje de la leyenda del caballero vasco Teodosio de Goñi, a partir de la cual se popularizó.

Ambrosio

Otras lenguas   *Catalán*: Ambròs; *gallego*: Ambrosio. *Inglés*: Ambrose; *francés*: Ambroise; *alemán*: Ambrosius; *italiano*: Ambrogio.

Onomástica   7 de diciembre.

Origen y significado   Del griego *an-brótos,* no mortal, o sea, de naturaleza divina.

Características   Es reservado y tímido, se interesa por el arte y el colec-
cionismo, por el que puede llegar a sentir una gran afición. Es elegante por
naturaleza, solitario e independiente.

Anécdota   San Ambrosio fue obispo de Milán, donde es muy venerado. En
Italia a los milaneses también se los llama ambrosianos.

Personajes célebres   Ambrosio Espinosa, militar genovés al servicio de
España en el siglo XVII; Ambrosio Cepelino, religioso italiano del siglo
XVI.

Amelia

Otras lenguas   *Catalán*: Amèlia; *gallego*: Amelia. *Inglés, alemán, italiano*: Amelia; *francés*: Amélie.

Variantes   Amelberga, Amálberga, Amalia.

Onomástica   10 de julio.

Origen y significado   El nombre originario es Amelberga, que es de raíz
germánica, formado por las voces *amal*, trabajo y *berg* protección.

Características   Es una persona muy inquieta y bastante nerviosa; es
independiente y crítica, sobre todo con ella misma, lo que le puede crear
mucha inseguridad.

Anécdota   Santa Amelia era hija de Pipino el viejo, uno de los reyes francos del siglo VII. Se casó con un beato y tuvo varios hijos que llegaron a
santos. Después de enviudar ingresó en un monasterio y alcanzó el grado de
abadesa.

Personajes célebres   Amelia de Orleans fue reina de Portugal.

Amparo

Otras lenguas   *Catalán*: Empar; *gallego*: Amparo.

Variantes Desamparados.

Onomástica 11 de mayo.

Origen y significado Del latín *manuparare*, su significado se mantiene en español: amparar, dar cobijo, proteger.

Características Persona paciente y esforzada, aunque puede ser excesivamente autoritaria y no hacer caso a los demás.

Anécdota La Virgen de los Desamparados, que da origen a este nombre, es la patrona de Valencia y Pamplona, por lo que este nombre es muy común en esas localidades.

Personajes célebres Es fácil asociar este nombre al mundo del teatro, ya que es el que llevan grandes actrices como Amparo Rivelles, Amparo Moreno y Amparo Larrañaga.

Ana

Otras lenguas *Catalán*: Anna; *vasco*: Ane; *gallego*: Ana. *Inglés*: Hannah, Ann; *francés*: Anne; *alemán, italiano*: Anna.

Variantes Anabel, Arabela, Anabella, Anaís; en inglés Hannah; en francés Anouk, Anaïs, Anette, Nanette.

Diminutivos Anita, Annie, Nanny.

Onomástica 26 de julio.

Origen y significado Del hebreo *hannah*, benéfica, compasiva.

Características Persona inquieta y curiosa, aunque se muestre muy tímida y reservada. Duda mucho de sus capacidades, lo que hace aumentar su timidez; al mismo tiempo su curiosidad le lleva a buscar nuevas experiencias, por lo que puede ser muy contradictoria.

Anécdota Santa Ana es la madre de la Virgen. Es un nombre muy frecuente en todas las lenguas y tradiciones.

Personajes célebres   Ana Mendoza fue princesa de Éboli, participó en las intrigas y en la política de la corte de Felipe II. Ana Bolena fue reina de Inglaterra y esposa de Enrique VIII. Actualmente sigue siendo un nombre muy usado, como la cantante Ana Belén, la escritora Ana María Matute, o la actriz Ana Magnani.

Anastasia/Anastasio

Otras lenguas   *Catalán*: Anastàsia/Anastasi; *vasco*: Anastase/Anastasi. *Inglés*: Anastasia/Anastasius; *francés*: Anastasie/Anastase; *alemán*: Anastasius.

Diminutivos   Tasio, Tasia.

Onomástica   Anastasia 15 de abril, Anastasio 22 de enero.

Origen y significado   Del griego *anastasimos*, el que tiene fuerza para resucitar. En un principio se entendía como resurrección a la nueva fe cristiana, por lo que fue un nombre muy común entre los conversos del cristianismo primitivo.

Características   Puede parecer una persona fría, distante y altanera, pero es una pose para ocultar su sensibilidad y pudor.

Anécdota   Anastasia era el nombre de una de las hijas del Zar Nicolás II que fue fusilada durante la Revolución. Su persona fue la fuente de una leyenda que mantenía que había sobrevivido y escapado de Rusia y estaba oculta en algún país europeo. Esta historia ha sido llevada al cine varias veces, en los últimos años incluso en dibujos animados.

Personajes célebres   Es un nombre frecuente entre los Papas y los emperadores de Oriente. Anastasio Somoza fue presidente de Nicaragua durante más de treinta años.

Andrés/Andrea

Otras lenguas   *Catalán*: Andreu; *vasco*: Ander; *gallego*: André. *Inglés*: Andrew; *francés*: André; *alemán*: Andreas; *italiano*: Andrea; *ruso*: Andrej.

Variantes: Andreína, Andresa.

Diminutivos Andy, Dandy.

Onomástica 30 de noviembre.

Origen y significado Del griego *andros*, hombre y, por extensión, viril o valiente.

Características Es alegre y comunicativo, y también una persona muy ordenada y metódica. Muy curioso, siente especial interés por los temas humanitarios.

Anécdota San Andrés fue uno de los apóstoles, hermano de San Pedro que sufrió el martirio en una cruz en forma de X a la que luego dio nombre.

Personajes célebres André Breton poeta francés iniciador del surrealismo; Andrés Segovia fue un gran guitarrista y Andrés Gimeno es un destacado tenista que ganó el Roland Garros.

Ángel/Ángela

Otras lenguas *Catalán*: Àngel; *vasco*: Aingeru, Gotzon; *gallego*: Anxo. *Inglés*: Angel; *francés*: Ange/Angèle; *alemán*: Angelus; *italiano*: Angelo, Angiolo.

Variantes Ángeles, Angelina, Angélica, Angelines, Ángelo.

Onomástica 5 de mayo.

Origen y significado Del griego *aggelos*, mensajero, pasó a la tradición cristiana que es la que más lo ha extendido.

Características Persona detallista, muy analítica y metódica; su afán de perfeccionismo le lleva a ser demasiado exigente y buscar un ideal inalcanzable.

Anécdota La variante Angeles ha sido mundialmente popularizada por la ciudad de Estados Unidos en California, sede del mundo del espectáculo.

Personajes célebres: Àngel Guimerà fue un dramaturgo y poeta catalán de principios del siglo XX; Ángel Saavedra fue el Duque de Rivas, gran dramaturgo romántico; Ángel Nieto fue campeón de motociclismo.

Aníbal

Otras lenguas   *Catalán*: Hanníbal; *gallego*: Aníbal, Hanníbal. *Inglés*: Hannibal; *francés*: Annibal; *italiano*: Annibale.

Variantes   Haníbal.

Onomástica   No tiene.

Origen y significado   De origen cartaginés, formado por las palabras *hanan-Baal,* beneficio de Baal, dios fenicio.

Características   Persona emprendedora y muy sociable con una gran capacidad de adaptación, lo que le facilita su desarrollo personal y profesional.

Anécdota   Aníbal fue un destacado general cartaginés que intentó conquistar Italia y el Imperio Romano. Para ello utilizó una tropa de elefantes para cruzar los Alpes.

Personajes célebres   Annibale Carracci, pintor italiano del Renacimiento

Antonio/Antonia

Otras lenguas   *Catalán*: Antoni; *vasco*: Andoni; *gallego*: Antón. *Inglés*: Anthony; *francés*: Antoine; *alemán*: Antonius; *italiano*: Antonio; *ruso*: Anton.

Variantes   Antón, Antonino, Antonina.

Diminutivos   Tonio, Toni, Ton, Antón, Toñi, Toño, Tony.

Onomástica   Antonia 29 de abril, Antonio 17 de enero.

Origen y significado   De origen dudoso, se supone que puede proceder del latín *antonius*, inestimable, o del griego *anthos*, flor.

Características   Persona de gran fortaleza física y mucha tenacidad que le permite conseguir lo que quiere en la vida, pero esa paciencia le falta para los pequeños problemas cotidianos que se le hacen enormes y dificultosos.

Anécdota   San Antonio era un anacoreta egipcio del siglo IV, famoso por sus tentaciones.

Personajes célebres   Antonio Gaudí, arquitecto catalán, maestro del modernismo; Antonio Vivaldi, compositor italiano del barroco; Sant Antoni Maria Claret, eclesiástico catalán fundador de los claretianos; San Antonio de Padua, franciscano del siglo XIII.

Ariadna

Variantes   Ariana y Ariano son nombres que a veces se confunden por su similitud fonética, pero su origen es distinto ya que proceden de la latinización de Ares, nombre griego del dios de la guerra Marte.

Onomástica   17 de septiembre.

Origen y significado   Del griego *ari-adné*, muy santa.

Características   Persona muy capaz, con gran encanto y carisma, aunque su falta de confianza hace que demuestre su valía en pocas ocasiones.

Anécdota   Ariadna era el nombre de la mujer de Teseo, hija de Minos, rey de Creta, que se enamoró del joven héroe y le dio un ovillo de lana para que se guiara en el laberinto del Minotauro.

Personajes célebres   Santa Arianda fue una joven esclava del siglo III.

Arturo

Otras lenguas   *Catalán, gallego*: Artur. *Inglés, francés*: Arthur; *alemán*: Artur; *italiano*: Arturo.

Variantes Artús, forma antigua.

Onomástica 1 de septiembre.

Origen y significado Es un nombre muy antiguo cuyo origen no está claro. Los griegos lo adoptaron y por semejanza fonética le dieron el significado de *arktos-auros*, guardián de las osas, referido a la constelación de Boyero, muy cercana a la Osa Mayor.

Características Enérgico y obstinado, es una persona muy ambiciosa que pone su inteligencia al servicio de conseguir poder o riqueza. Es un trabajador práctico y muy capaz.

Anécdota El más celebre portador de este nombre es el rey Arturo, legendario monarca de Inglaterra que fundó una orden de caballeros para proteger a los débiles y desvalidos. Creó una mesa redonda para que todos los participantes se hallaran a igual distancia y asegurar así la democracia e igualdad entre ellos.

Personajes célebres Arthur Conan Doyle, novelista escocés creador del famoso personaje Sherlock Holmes; Arthur Rubinstein, pianista polaco; Arthur Miller, dramaturgo estadounidense; Arthur Rimbaud, poeta francés del siglo XIX.

Asunción

Otras lenguas *Catalán*: Assumpta; *vasco*: Jasone, Yasone, Eragone; *gallego*: Asunta.

Variantes Asunta.

Diminutivos Asun, Sun.

Onomástica 15 de agosto.

Origen y significado Del latín *assumo*, asumir, atraer hacia sí. Hace referencia al tránsito de la Virgen María que, según la tradición, fue asumida por Dios.

Características Persona muy generosa y entregada, tiene un especial interés por los asuntos sociales y humanitarios. Su problema es que este exceso de generosidad la puede hacer muy vulnerable.

Anécdota Asunción es el nombre de la capital de Paraguay en honor a la Virgen.

Personajes célebres Las actrices Asunción Balaguer y Assumpta Serna.

Augusto

Otras lenguas *Catalán*: August; *vasco*: Augusta; *gallego*: Augusto. *Inglés*: Augustus; *francés*: Auguste; *italiano*: Augusto.

Femenino Augusta.

Onomástica 7 de octubre.

Origen y significado Nombre de una de las antiguas familias romanas, significa consagrado por los augures. El emperador Augusto lo popularizó.

Características Persona justa y responsable, le gusta asumir sus obligaciones. Es buena oradora y muy capaz de transmitir sus ideas, sin embargo en el campo sentimental es muy reservado y tímido.

Anécdota Augusto es el sobrenombre que el senado otorgó a Octaviano cuando asumió el poder después de la Guerra Civil. Después de él, todos los emperadores romanos lo asumieron como nombre para demostrar que los dioses los bendecían.

Personajes célebres Auguste Rodin, gran pintor y escultor francés; Auguste Lumière, inventó el cine junto a su hermano; August Pi i Sunyer, fisiólogo catalán; Auguste Comte; filósofo francés del siglo XIX.

Aurelio

Otras lenguas *Catalán*: Aureli; *gallego*: Aurelio. *Inglés*: Aurelia; *francés*: Aurèle; *italiano*: Aurelio.

Variantes   Aureliano, Oriol en catalán, Aurea, Aurelia.

Onomástica   27 de septiembre.

Origen y significado   Del latín, *aurelius*, de oro, dorado.

Características   Persona metódica y ordenada, sus mejores cualidades son la paciencia y la capacidad de trabajo. Le gusta la vida tranquila y sosegada.

Anécdota   Marco Aurelio fue un famoso emperador romano.

Personajes célebres   Aureliano fue emperador de Roma en el siglo III; Josep Oriol es un santo de la ciudad de Barcelona; Maria Aurelia Capmany es una célebre escritora catalana.

Ausias

Otras lenguas   *Catalán*: Ausiàs, Ausies, Auzias.

Onomástica   4 de julio.

Origen y significado   Se considera una derivación del nombre bíblico Ozías o Eleázaro, que se popularizó a través del santo provenzal Alzeas. Es muy frecuente en Cataluña y el País Valenciano después de la figura del poeta Ausiàs March.

Características   Persona ordenada y responsable, le gusta la tranquilidad y la soledad. Puede parecer muy autoritario, pero es para esconder una gran inseguridad.

Anécdota   Ausiàs March fue un destacado poeta del siglo XV, considerado una de las grandes figuras de las letras catalanas.

Baltasar

Otras lenguas   *Catalán, gallego*: Baltasar. *Inglés, alemán*: Balthasar; *francés*: Balthazar; *italiano*: Baldassarre.

Onomástica   6 de enero.

Origen y significado   De origen asirio, formado por las palabras *Bel-tas-assar*, que el dios Bel proteja al rey. Algunas interpretaciones lo identifican con las palabras *beli-tzar*, rey blanco, contradiciendo la tradición bíblica de los reyes magos, pero no son correctas.

Características   Persona enérgica muy nerviosa e inquieta, muy independiente y amante de la aventura. Su problema puede ser la falta de constancia, que le hace empezar muchas cosas sin terminar ninguna.

Anécdota   Baltasar era un rey babilónico que fue destronado por el conquistador Ciro, hecho que ya había sido predicho por el profeta Daniel. Pero el más celebre Baltasar es, sin duda, el rey mago negro.

Personajes célebres. Baltasar Gracián, escritor aragonés; Baltasar Porcel, escritor mallorquín.

Bárbara

Otras lenguas   *Catalán*: Bàrbara; *vasco*: Bárbare; *gallego*: Bárbara. *Inglés*: Barbara; *francés*: Barbare, Babette; *alemán, italiano*: Barbara; *ruso*: Várvara.

Diminutivos   Barbie, Babs, Barbra, Babette.

Onomástica   4 de diciembre.

Origen y significado Del griego *barbaro*, extranjeros. Este nombre tiene su origen en las lenguas extranjeras que a los griegos sonaban como un *barbar* ininteligible. Posteriormente adquirió un sentido peyorativo como persona inculta o poco civilizada.

Características Persona sensible y emotiva, le interesan los temas sociales y también las ciencias ocultas y el esoterismo. Su defecto es un exceso de sensibilidad y de autoritarismo.

Anécdota Santa Bárbara es la patrona de los artilleros, posiblemente porque fue martirizada por su padre y éste fue fulminado por un rayo como castigo. Actualmente la palabra santabárbara se usa como sinónimo de polvorín de un buque.

Personajes célebres La actriz Barbara Stamwyck, famosa por sus personajes malvados o torturados; Bárbara Rey, actriz española; Barbara Streisand, conocida cantante y actriz norteamericana.

Bartolomé

Otras lenguas *Catalán*: Bartolomeu; *vasco*: Bartoloma; *gallego*: Bartolomeu, Bartomeu. *Inglés*: Bartholomew, Bartlemy; *francés*: Barthélémy; *alemán*: Bartholomäus, *italiano*: Bartolomeo.

Variantes Bartolomea, Bartolo.

Diminutivos Bart, Tolo.

Onomástica 24 de agosto.

Origen y significado Del hebreo *Bar-tolomai*, hijo de Ptolomeo.

Características Persona muy trabajadora y ordenada, suele conseguir lo que desea gracias a su esfuerzo y dedicación. Sus mayores ambiciones son la tranquilidad y la estabilidad emocional.

Anécdota San Bartolomé fue uno de los discípulos de Jesús que murió despellejado vivo, por eso es patrono de los carniceros. La noche de San

Bartolomé es recordada históricamente por la matanza de protestantes que se realizó ese día en Francia en el siglo XVI.

Personajes célebres Bartolomé de las Casas, misionero español que escribió varias obras sobre la vida de los indios americanos y sus costumbres; Bartolomé Esteban Murillo pintor de la escuela sevillana del siglo XVII; Bartolomé Ordóñez, escultor castellano del siglo XVI.

Basilio

Otras lenguas *Catalán*: Basili; *Vasco, gallego*: Basil. *Inglés, italiano*: Basil; *francés*: Basile; *alemán*: Basilius; *ruso*: Vassil, Vassili.

Variantes Basileo, Basiliano, Basilisco, Basílides, Basilisa.

Onomástica 2 de enero.

Origen y significado Del griego, *basileus*, rey.

Características Persona discreta y reservada, le gusta la intimidad, la tranquilidad y el equilibrio. Su mayor defecto es dejarse llevar por los demás.

Anécdota Basilea era el nombre de la capital de la mítica Atlántida, lugar fantástico ideado por Platón.

Personajes célebres Basilio I el Grande, emperador de Bizancio en el siglo IX; San Basilio el Grande, obispo de Cesárea en el siglo IV y Vassili Kandinski, pintor ruso de principios del siglo XX.

Beatriz

Otras lenguas *Catalán*: Beatriu; *vasco*: Batirtze; *gallego*: Beatriz. *Inglés, alemán*: Beatrix; *francés*: Béatrice; *italiano*: Beatrice.

Variantes Beata.

Diminutivos Bea.

Onomástica 29 de julio.

Origen y significado Del latín *beatrix*, beata, bienaventurada. Con el cristianismo se le dio un sentido religioso y su popularidad aumentó mucho.

Características Persona seductora que destaca fácilmente por su capacidad, sus dotes creativas y su simpatía social. Pero es muy exigente y le cuesta mucho estar satisfecha.

Anécdota El nombre alcanzó una gran popularidad después de la obra *La Divina Comedia* de Dante, ya que está dedicada a su amada Beatriz.

Personajes célebres Beatriz, reina de Holanda.

Begoña

Onomástica 11 de octubre.

Origen y significado Nombre vasco formado por *beg-oin-a*, lugar del cerro dominante, que es donde está situado el santuario de la Virgen.

Características Es emprendedora y activa, le gusta destacar en lo que hace por lo que siempre dedica todo su empeño y energía a sus actividades. Es responsable y constante, y cariñosa y altruista en su vida privada.

Anécdota No debe confundirse este nombre con Begonia, nombre de una flor traída a Europa por el botánico Bégon, de donde viene su nombre.

Belén

Otras lenguas *Catalán*: Betlem.

Variantes Belinda.

Onomástica 25 de diciembre.

Origen y significado Del hebreo *bet-lehem*, casa del pan o casa de Dios.

Características Persona muy emotiva que tiene una contradicción interna entre su deseo de independencia y se dependencia sentimental, esto le hace tener un carácter muy variable e imprevisible.

Anécdota Belén es una localidad de Palestina donde los Evangelios sitúan el nacimiento de Jesús, por eso ha pasado a ser un nombre femenino.

Personajes célebres La presentadora Belén Rueda.

Belinda

Variantes Berlinda.

Diminutivos Linda.

Onomástica Como Belén, 25 de diciembre.

Origen y significado Del germánico, *bern*, oso y *lind*, escudo, o sea defensa del guerrero, tomado oso como una metáfora de guerrero.

Características Dinámica y activa, no se deja vencer por las dificultades, es emprendedora e independiente; es difícil conocerla bien ya que es muy reservada y no le gusta intimar demasiado; en el fondo es vulnerable.

Anécdota Era muy común en la Edad Media ya que era el nombre de la esposa de Rolando, célebre caballero franco.

Personajes célebres Belinda Washington, presentadora de televisión.

Benito

Otras lenguas *Catalán*: Benet; *vasco*: Benedita; *gallego*: Bieito. *Inglés*: Bennet; *francés*: Benoît; *alemán*: Benedikt; *italiano*: Benedetto; *portugués*: Bento.

Variantes Benedicto, Benita.

Onomástica 11 de julio.

Origen y significado   Simplificación del nombre medieval Benedicto, del latín *benedictus*, bendito.

Características   Persona prudente y reservada, aunque puede ser muy alegre y extrovertida si se siente a gusto; le gusta conocer bien a la gente antes de confiar en ella. Su mayor defecto es la obstinación.

Anécdota   San Benito de Nursia fue un monje del siglo VI creador de la orden Benedictina y organizador de la vida monástica.

Personajes célebres   Benito Pérez Galdós, novelista español; Benito Mussolini, político italiano.

Benjamín

Otras lenguas   *Catalán*: Benjamí; *vasco*: Benkamin; *gallego*: Benxamín. *Inglés, francés, alemán*: Benjamin; *italiano*: Beniamino.

Diminutivos   Ben, Benny.

Onomástica   31 de marzo.

Origen y significado   Nombre de origen bíblico, *ben-yamin* que significa hijo de mi mano derecha, o sea hijo predilecto.

Características   Persona con una gran energía y obstinada, lo que le facilita conseguir lo que quiere ya que no ceja en su intento hasta alcanzarlo.

Anécdota   Benjamín es el doceavo hijo de Jacob, su madre murió en el parto, por lo que en un inicio recibió el nombre de *Benoni*, hijo de mi dolor. Pero posteriormente su padre le cambió el nombre por Benjamín, hijo predilecto. Ha pasado a la historia como el nombre que se da al menor de los hermanos, como hijo predilecto.

Personajes célebres   Benjamin Franklin, físico y político estadounidense; Benjamín Carrión, escritor y político ecuatoriano. Quizás el Benjamín más famoso sea el Big Ben, el famoso reloj de Londres.

Bernardo

Otras lenguas   *Catalán*: Bernat; *vasco*: Beñardo; *gallego*: Bernal, Bernaldo. *Inglés*: Bernard, Barnard; *francés*: Bernard; *alemán*: Berhard; *italiano*: Bernardo, Berardo.

Variantes   Bernardino, Bernardette, Bernandita.

Diminutivos   Nardo, Benno, Bernie.

Onomástica   20 de agosto.

Origen y significado   Palabra germánica, *berin-hard*, significa oso fuerte.

Características   Persona honesta y franca con un gran sentido de la justicia. Le cuesta mucho otorgar su confianza y su amistad, pero cuando lo hace se entrega totalmente y es un amigo fiel y confiable.

Anécdota   San Bernardo de Mentón fue el fundador de un asilo alpino, ha pasado a la historia por sus perros entrenados para salvar a personas extraviadas en la nieve. También es el patrón de los alpinistas.

Personajes célebres   Bernat Metge, escritor catalán del siglo XV; Bernardo Bertolucci, director de cine italiano.

Berta

Otras lenguas   *Catalán, gallego*: Berta. *Inglés*: Bertha; *francés*: Berthe; *alemán, italiano*: Berta.

Variantes   Bertila, Bertibla, Bertín, Bertino.

Diminutivos   Berta es utilizado como diminutivo de otros nombres que acaban igual como Roberta, Alberta, etc.

Onomástica 4 de julio.

Origen y significado Del germánico, *berth*, brillante, famoso.

Características Persona alegre y vivaz, le encantan las reuniones sociales, también es estudiosa y metódica. Le gusta tener la razón y vencer en las discusiones.

Anécdota Berta es el nombre de un cañón alemán de la I Guerra Mundial con el que bombardearon París. Era el cañón más potente de la época y tenía ese nombre en honor a la hija de su constructor, Hans Krupp.

Personajes célebres Berta era el nombre de la madre de Carlomagno; Berta de Suttner, escritora austríaca, obtuvo el Premio Nobel de la Paz en 1905.

Bienvenido/Bienvenida

Otras lenguas *Catalán*: Benvingut; *gallego*: Benvido. *Francés*: Bienvenu; *alemán, italiano*: Benvenuto.

Diminutivos Bienve.

Onomástica 22 de febrero.

Origen y significado Del latín, *benevenutus*, bien venido, bien nacido.

Características Es muy reservado y prudente, le cuesta mucho confiar en la gente. En su trabajo es responsable y metódico.

Anécdota Este nombre era frecuente en la Edad Media, ya que se consideraba de buen agüero.

Personajes célebres Benvenuto Cellini, escultor y orfebre italiano.

Blanca

Otras lenguas *Catalán*: Blanca; *vasco*: Zuria, Zuriñe; *gallego*: Branca. *Inglés*: Gwen; *francés*: Blanche; *alemán*: Blanka; *italiano*: Bianca.

Masculino Blanco.

Onomástica 5 de agosto.

Origen y significado Del germánico *blank*, blanco, brillante.

Características Persona sensible, pura y frágil como su nombre indica. Le encanta la vida familiar y a ella dedica todas sus energías, ya que aspira a una vida tranquila y ordenada.

Anécdota Blanca de Castilla fue reina en el siglo XIII y se trasladó a Francia, donde popularizó este nombre. Su nieta Blanca de Artois, lo llevó a Inglaterra ya que se casó con un duque de Lancaster.

Personajes célebres San Blanco, obispo de Escocia en el siglo IV.

Blas

Otras lenguas *Catalán*: Blai, Blasi; *vasco*: Balas, Bladi; *gallego*: Brais, Bras. *Francés*: Blaise; *alemán*: Blaisus.

Onomástica 3 de febrero.

Origen y significado Del griego, *blaisos*, zambo. Su significado varía al ser adaptado al latín, *blaesus*, tartamudo.

Características Persona activa y de decisiones rápidas, le gusta mandar y organizar. En el fondo es muy sensible y emotivo, aunque no le guste demostrarlo.

Anécdota San Blas fue un mártir del siglo IV al que torturaron pasando un peine de hierro por sus costillas. Es el patrón de los cardadores.

Personajes célebres Blaise Pascal, matemático y filósofo francés del siglo XVII.

Boris

Otras lenguas *Catalán*: Borís. *Inglés, francés*: Boris.

Variantes Boriso.

Onomástica 24 de julio.

Origen y significado De origen ruso, de *borotj*, guerrero, combatiente.

Características Persona idealista y soñadora, anhela encontrar una alma gemela que lo apoye y ayude a conseguir sus ideales.

Anécdota *Boris Gudonov* es una célebre ópera del compositor ruso Mussorgsky, que se inspiró en una obra de Pushkin basada en la figura del yerno del zar Iván el Terrible.

Personajes célebres Boris Gudonov, príncipe y zar de Rusia en el siglo XVI; Boris Karloff, actor famoso por sus creaciones de personajes de terror; Boris Yeltsin político ruso.

Borja

Onomástica 3 de octubre.

Origen y significado Proviene de la abreviación de San Francisco de Borja, aunque actualmente se usa como nombre de pila además de apellido.

Características Es muy inteligente y de comprensión rápida, sabe adaptarse a cualquier situación y posee un extraordinario don de gentes; es simpático y divertido y suele tener buen humor. También es disciplinado, ordenado y responsable.

Anécdota La familia Borja fue célebre durante el Medievo y Renacimiento europeo. Su origen es aragonés, donde Borja significa cabaña; posteriormente, en el siglo XIII, se establecieron en Valencia y luego se trasladaron a Italia, donde transformaron su apellido en Borgia. San Francisco pertenece a la rama de la familia que permaneció en Valencia, llegó a virrey de Cataluña, pero luego se dedicó a la vida religiosa e ingresó en la Compañía de Jesús.

Brígida

Otras lenguas *Catalán*: Brígida; *vasco*: Birxita, Birkita, Birkide; *gallego*: Bríxida. *Inglés*: Bridget; *francés, alemán*: Brigitte; *italiano*: Brigida, Brigitta; *sueco*: Birgitta, Brigitta.

Masculino Bricio.

Onomástica 1 de febrero.

Origen y significado Nombre muy antiguo cuyo origen no es claro. Puede ser de origen celta, partiendo de la palabra *briga*, poblado, colonia; o de *brigh*, fuerza. También puede proceder del hebreo de las palabras *hir*, ciudad o *ur*, valle.

Características Persona activa y dinámica, y también muy emotiva. Le encanta la familia y la vida hogareña. Cuando no puede liberar su energía con abundantes actividades puede tener arrebatos de rabia y reacciones violentas.

Anécdota *Brighid* es el nombre de la diosa gaélica del fuego, cuyas características se cristianizaron en la figura de Santa Brígida, que junto con San Patricio es patrona de Irlanda.

Personajes célebres Brigitte Bardot, famosa actriz francesa de los años sesenta y setenta.

Bruno

Otras lenguas *Catalán*: Bru; *vasco*: Burnon; *gallego*: Bruno. *Italiano*: Bruno, Brunone.

Onomástica 6 de octubre.

Origen y significado De origen germánico, no procede de *brun*, rojo, moreno, sino de *prunja*, peto, coraza.

Características   Es individualista y autoritario, capaz de tomar decisiones rápidas y acertadas; parece rudo y frío, pero en el fondo es muy sensible y emotivo.

Anécdota   San Bruno fue el fundador de la orden de la cartuja y un gran comentarista de Salmos. También era uno de los sobrenombres del dios escandinavo Odín.

Personajes célebres   Bruno Walter, director de orquesta; Bruno Bettelheim, escritor y psicólogo austríaco.

Camilo/Camila

Otras lenguas   *Catalán*: Camil; *vasco*: Kamil; *gallego*: Camilo. *Inglés*: Camilla; *francés*: Camille; *alemán*: Camill; *italiano*: Camillo.

Onomástica   14 de julio.

Origen y significado   Del etrusco *casmillus*, ministro. En la época romana adquirió un valor sagrado al entender ministro como sacerdote.

Características   Persona independiente, muy segura de sí misma y fuerte. Su personalidad siempre destaca, le gusta tener éxito personal y material, sin embargo es muy generoso y entregado. En el aspecto sentimental es leal y fiel.

Anécdota   *Camilos* era el sobrenombre del dios Mercurio ya que era ministro de los dioses. *Camilos* era también la divinidad de los Cabirios.

Personajes célebres   Camilo José Cela, escrito español Premio Nobel de Literatura en 1989; Camille Pissarro, pintor francés de finales del siglo

XIX representante del neoimpresionismo; Camillo Benso di Cavour, político italiano del siglo XIX.

Carlos/Carla

Otras lenguas   *Catalán*: Carles; *vasco*: Karlos. *Inglés, francés*: Charles; *alemán*: Karl; *italiano*: Carlo; *ruso*: Carol.

Variantes   Carlota, Carola, Carolina, Carlino, Carolino.

Diminutivos   Carlitos, Carli, Charlie, Charly, Charlot, Carletto, Caro, Carol.

Onomástica   4 noviembre.

Origen y significado   Nombre de origen germánico que significa masculino, viril y fuerte. Su uso se generalizó en Europa a partir del ascenso de los reyes francos, Carlos Martel y su nieto Carlomagno, que unificó en el siglo IX casi todo el continente. Fue coronado emperador por el Papa León III, restituyendo el caído Imperio Romano de Occidente.

Características   Seguridad, audacia y competitividad. Tiene grandes dotes de mando y organización. Puede ser demasiado autoritario e impulsivo.

Anécdota   Carlos María Isidro de Borbón, hermano del rey Fernando VII, cuya frustrada aspiración al trono motivó el movimiento político llamado carlismo.

Personajes célebres   Charles Darwin, biólogo; Charles Dickens, escritor inglés; Karl Marx, político e ideólogo alemán; Charles Chaplin, cómico y director de cine; Carlos Gardel, cantante de tangos.

Carmen

Otras lenguas   *Catalán, gallego*: Carme; *vasco*: Karmele, Karmiñe.

Variantes   Carmelo, Carmela, Carmina.

Onomástica 16 de julio.

Origen y significado *Carmen* en latín es poema, canto; pero el nombre está tomado del Monte Carmelo en Galilea, del hebreo *karmel*, viña de Dios.

Características Tiene una natural autoridad y capacidad de persuasión; es muy hábil para organizar y mandar grupos y sabe mantener lo que consigue.

Anécdota *Carmen* es una célebre ópera de Bizet, basada en un libreto de Marimée, con la que popularizó este nombre fuera de las fronteras españolas.

Personajes célebres. Carmen Martín Gaite, escritora española; Carme Riera, escritora mallorquina; Carmelo Gómez, actor.

Catalina

Otras lenguas *Catalán*: Caterina; *vasco*: Katixa, Katarin, Katina, Katarine; *gallego*: Catarina. *Inglés, francés*: Katherine; *alemán*: Katharina, *italiano*: Caterina; *ruso*: Ekaterina; *danés*: Karen; *sueco*: Karin.

Variantes Catarina.

Diminutivos Katty, Kathryn, Kate, Kitty.

Onomástica 29 de abril.

Origen y significado De origen griego, la forma inicial era *Aikatharina*, pero se latinizó en la forma *Katharina* por la similitud con la palabra *katharós*, puro, inmaculado.

Características Persona muy apasionada, enérgica y nerviosa. Tiene facilidad para conseguir lo que quiere, y es muy curiosa y activa.

Anécdota En la Edad Media era un nombre muy común en toda Europa: numerosas reinas los llevaron desde Catalina de Rusia hasta Catalina de Aragón.

Personajes célebres La actriz Katharine Hepburn; Catalina de Medicis; Caterina Albert i Paradís, escritora catalana de principios de siglo XX; la actriz francesa Catherine Deneuve.

Cayetano

Otras lenguas *Catalán*: Caietà; *gallego*: Caetán, Caetano.

Femenino Cayetana.

Onomástica 8 de agosto.

Origen y significado De origen latino, se ha pensado que procedía de la palabra *gaius*, alegre, pero es más probable que su origen sea el puerto de *Caieta*, en la Campania.

Características Persona de carácter dominante con una gran confianza en sí mismo, tiene facilidad para conseguir lo que quiere; es muy inquieto y curioso.

Anécdota Según el escritor latino Virgilio, el puerto de Campania lleva el nombre de Caieta debido a la nodriza de Eneas (fundador mítico de las colonias griegas en Italia) que murió y fue sepultada en esa playa.

Personajes célebres Gaetano Donizetti, compositor italiano del siglo XIX célebre por sus óperas; Cayetana Fitz-James Stuart, duquesa de Alba, es la persona que más títulos nobiliarios posee.

Cecilio/Cecilia

Otras lenguas *Catalán*: Cecília; *vasco*: Zezili, Koikille; *gallego*: Cecía. *Inglés*: Cecily, Cecilia; *francés*: Cécile; *italiano*: Cecilia.

Diminutivos Icia en gallego, Cec en inglés.

Onomástica Cecilia 22 de noviembre, Cecilio 15 de mayo.

Origen y significado   Era el nombre de una familia romana; se ha dado como posible origen la palabra *coeculus*, corto de vista, pero es más probable que su origen sea etrusco y su significado se desconozca.

Características   Persona ordenada y metódica, lo que más le gusta es agradar y seducir. Su búsqueda de perfección le hace estar siempre insatisfecha por ser demasiado exigente.

Anécdota   Santa Cecilia es una mártir del siglo II que cantó hasta su muerte, por lo que ha pasado a ser patrona de la música.

Personajes célebres   Cecilia Meireles, poetisa brasileña; Cecil B. de Mille, director de cine, fue uno de los pioneros en este arte; Cecilia Böhl de Faber, novelista del siglo XIX.

Celeste/Celestino

Otras lenguas   *Catalán*: Celestí; *gallego*: Celestino. *Inglés*: Celestin; *francés*: Célestin; *italiano*: Celestino.

Variantes   Celestina.

Onomástica   17 de mayo.

Origen y significado   Celeste es el nombre de una diosa púnica, de *Caelestis*, celestial, divino, del cielo.

Características   Persona dinámica y obstinada, con una gran ambición, desea prosperar profesional y económicamente; también es muy intuitiva y perspicaz, y necesita seducir y sentirse admirada.

Anécdota   *La Celestina* es una famosa obra de teatro de Fernando de Rojas, donde este personaje hace de casamentera entre dos jóvenes, por lo que el nombre ha pasado a designar esta labor.
Antiguamente Celeste era un nombre masculino y femenino; en los últimos años se ha convertido en femenino exclusivamente.

Personajes célebres   Celeste, arzobispo de Metz en el siglo IV; el Papa Celestino I fue un gran combatiente de las herejías.

César

Otras lenguas *Catalán*: Cèsar; *vasco*: Kesar; *gallego*: César. *Inglés*: Caesar; *francés*: Cèsar; *alemán*: Cäsar; *italiano*: Cèsare.

Variantes Cesarión, Cesario, Cesáreo, Cesaria.

Onomástica 26 de agosto.

Origen y significado Del latín, de la palabra *coesar*, melenudo. Fue popularizado por el militar Julio César y a partir de su muerte se convirtió en un título para los emperadores.

Características Persona alegre, jovial y simpática; le encanta la vida social y destaca en cualquier actividad relacionada con la expresión y la comunicación.

Anécdota La operación de la cesárea lleva este nombre porque, según la tradición, César nació de esta forma.

Personajes célebres Julio César, militar y dictador romano del siglo I a.C.; César Borgia, cardenal, hijo del papa Alejandro VI; Cèsare Pavese, escritor italiano de mediados del siglo XX.

Cintia

Otras lenguas *Catalán*: Cíntia. *Inglés, alemán*: Cintia, Cynthia.

Diminutivos Cindy.

Onomástica No tiene.

Origen y significado De origen griego, *Kynthia* deriva de *Kynthos*, el monte de Delos donde se sitúa el nacimiento de Apolo y Artemis.

Características Es muy agradable y alegre, independiente y segura de sí misma, le gusta comunicarse y relacionarse con la gente; es muy práctica y adaptable.

Anécdota   Era un nombre muy común en la Antigua Roma, pero luego ha ido perdiendo popularidad. Hoy en día vuelve a ser frecuente debido a la influencia anglosajona con su variante Cynthia.

Personajes célebres   Cindy Crawford, modelo internacional.

Clara

Otras lenguas *Catalán, gallego*: Clara; *vasco*: Argia. *Francés*: Claire; *alemán*: Clare; *italiano*: Chiara.

Variantes   Clarisa, Claro, Claris, Claret, estos últimos son catalanes.

Onomástica   11 de agosto.

Origen y significado   Del latín *clarus*, claro, limpio, ilustre

Características   En su carácter se unen una personalidad fuerte y dominante junto a una gran timidez, tiene que encontrar un equilibrio entre estas dos tendencias para no aislarse en sí misma.

Anécdota   Santa Clara de Asís fue amiga de San Francisco y fundó la orden de las clarisas; se la invoca para curar las enfermedades de la vista.

Personajes célebres   Clara Petacci fue amante de Benito Mussolini y murió con él; Antoni Maria Claret fue arzobispo de Cuba y popularizó este nombre; Pau Claris fue un héroe catalán en la guerra contra Castilla del siglo XVII, su apellido es usado como nombre.

Claudio/Claudia

Otras lenguas   *Catalán*: Claudi; *vasco*: Kauldi; *gallego*: Claudio. *Inglés*: Claud; *francés*: Claude; *alemán*: Claudius; *italiano*: Claudio.

Variantes   Claudiano.

Onomástica   Claudia 18 de mayo, Claudio 6 de junio.

Origen y significado Nombre de una de las grandes familias romanas; a veces se asocia con la palabra *claudus*, cojo, pero es más probable que su origen sea etrusco.

Características Persona emotiva y sensible, posee una inteligencia destacada que sabe aprovechar. Es un buen amigo muy leal.

Anécdota *Yo Claudio*, es una novela de Robert Graves, donde recrea en la ficción la vida de la primera dinastía de emperadores romanos, centrándose en la figura de Claudio, un emperador con problemas físicos.

Personajes célebres Claudio Monteverdi, compositor italiano del siglo XVII; Claude Monet, pintor francés del impresionismo; Claude Lévi-Strauss, antropólogo belgo-francés.

Clemente

Otras lenguas *Catalán*: Clement; *vasco*: Kelmen; *gallego*: Clemenzo. *Inglés*: Clemence; *francés*: Clément; *alemán*: Clemens; *italiano*: Clemente.

Variantes Clementino, Clementina, Clemencia.

Onomástica 23 de noviembre.

Origen y significado Del latín *clemens*, dulce, benigno.

Características Responsable, ordenado y metódico, posee muy mal genio si no consigue controlarlo. Su mayor defecto es la intolerancia.

Anécdota Clementina ha pasado a ser más popular como nombre de una fruta.

Personajes célebres Clemente es un nombre muy frecuente entre los papas y en la Edad Media.

Clotilde

Otras lenguas *Catalán, gallego*: Clotilde. *Inglés*: Clotilda; *francés, alemán*: Clothilde; *italiano*: Clotilde.

Variantes   Clotilda.

Onomástica   3 de junio.

Origen y significado   De origen germánico, formado por *hold*, gloria y *hild*, combate, es decir, luchador glorioso.

Características   Es dinámica y fuerte, muy independiente e inteligente, destacará en cualquier labor de comunicación o relaciones públicas.

Anécdota   Santa Clotilde era la esposa del rey franco Clodoveo, que prometió convertirse al cristianismo como su mujer si ganaba la batalla de Tolbiac. Su conversión y la de sus tres mil guerreros instauró el catolicismo en Francia.

Personajes célebres   Clotilde de Saboya era una de las hijas de Víctor Manuel, rey de Italia que se casó con un hermano de Napoleón.

Conrado

Otras lenguas   *Catalán*: Conrad; *vasco*: Korrada. *Inglés, francés*: Conrad; *alemán*: Konrad; *italiano*: Corrado.

Diminutivos   Kurt.

Onomástica   26 de noviembre.

Origen y significado   Del germánico *kuon-rat*, consejo del osado.

Características   Es estable y determinado, con una gran fortaleza interior que le permite hacer frente a cualquier adversidad. Tiene dotes de mando y autoridad, pero sabe ser paciente y esperar su momento; es trabajador y tranquilo.

Anécdota   Conrado es el hijo de Konrungr, el primer rey de la mitología escandinava, por lo que este nombre es muy común en   los países del norte de Europa, por ejemplo en Alemania, donde se utiliza para denominar a las personas corrientes, como John en inglés.

Personajes célebres   Kurt Weill, músico alemán; Konrad Adenauer, político alemán.

Constantino

Otras lenguas   *Catalán*: Constantí; *vasco*: Kostandin. *Inglés*: Constantine; *francés, alemán*: Constantin; *italiano*: Constantino.

Variantes   Constancio, Constantina, Constante, Constanza, Constancia.

Onomástica   27 de julio.

Origen y significado   Del latín, variante de Constancio, de la palabra *constans*, constante.

Características   Ambicioso y muy capaz, es enérgico y amante de los cambios y aventuras. Persona amable y agradable.

Anécdota   Constantino fue un emperador romano del siglo IV que se convirtió al cristianismo y lo instauró como religión oficial del Imperio. Fundó la ciudad de Constantinopla, actual Estambul, y allí trasladó la capital.

Personajes célebres   Constantin Meunier, escultor y pintor belga del siglo XIX; Constantin Brâncusi, escultor rumano de principios del siglo XX; Constantino Romero, presentador televisivo y doblador.

Cristián/Cristina

Otras lenguas   *Catalán*: Cristià; *vasco*: Kristiñe. *Inglés, francés, alemán*: Christian; *italiano*: Cristiano; *sueco*: Kristin.

Variantes   Cristiana.

Diminutivos   Cris.

Onomástica   Cristina 24 de julio, Cristián 15 de diciembre.

Origen y significado   Del latín *christianus*, cristiano.

Características   Persona muy idealista y soñadora, se ve muy afectada por la opinión de los demás, sobre todo de sus más allegados. Además es metódica, ordenada y responsable.

Anécdota   Santa Cristina la Admirable, volvió de la tumba para explicar lo que había visto en el purgatorio, luego vivió muchos años más en un convento belga.

Personajes célebres   Es un nombre muy frecuente en los países del norte de Europa; Cristina de Suecia, reina de Suecia en el siglo XVII; Christian Andersen, creador de cuentos para niños; Cristina Alberdi, abogada y exministra; Cristina Almeida, también abogada y política.

Daniel/Daniela

Otras lenguas   *Catalán*: Daniel; *vasco*: Danel. *Inglés, francés*: Daniel; *italiano*: Daniele, Danilo.

Variantes   Danilo, Dan.

Diminutivos   Dan, Danny, Dani.

Onomástica   3 de enero.

Origen y significado   Del hebreo *dan*, juez o justicia; y *El* abreviatura de *Elhoim*, Dios, por lo que significa justicia divina.

Características   Sociable y comunicativo, posee una gran habilidad en los trabajos manuales; se interesa por temas sociales y humanitarios. En el terreno afectivo, es dulce, amable y muy hogareño.

Anécdota   Daniel es el nombre de unos de los hijos de Jacob, ya que su madre Raquel exclamó al dar a luz «Dios me ha hecho justicia con este hijo».

Personajes célebres   Daniel es uno de los principales profetas de la Biblia; Daniel Defoe, escritor inglés autor de *Robinson Crusoe*.

David

Otras lenguas   *Vasco*: Dabi; *gallego*: Davide. *Inglés, francés, alemán* David; *italiano*: Dàvide; *árabe*: Daúd.

Variantes   Davina, Davita, Davidia, Davinia.

Diminutivos   Dave, Davy.

Onomástica   26 de junio.

Origen y significado   Del hebreo *dawidh*, amado y, por evolución, amigo.

Características   Seguro de sí mismo y con grandes ideas para hacer cosas nuevas, le gustan los cambios y sabe adaptarse a cualquier circunstancia.

Anécdota   El nombre de David se popularizó con el segundo rey de Israel, que venció al gigante Goliat.

Personajes célebres   David Hume, filósofo escocés del siglo XVIII; David Livingstone, explorador escocés del siglo XIX; Dwight (David) Eisenhower, general y político estadounidense.

Débora

Otras lenguas   *Catalán*: Dèbora. *Inglés, francés, alemán*: Deborah; *italiano*: Debora.

Diminutivos   Deby, Debbie.

Onomástica   21 de septiembre.

Origen y significado   Del hebreo, *deborah*, abeja.

Características   Cerebral, introvertida y reservada; es muy sensible y se siente herida con facilidad por lo que su mayor preocupación es protegerse y evitar dificultades. Generalmente lo consigue y encuentra una estabilidad emocional y material.

Anécdota   Deborah fue una profetisa autora de un hermoso canto a Yavé.

Personajes célebres   Deborah Kerr, actriz inglesa; Debbie Reynolds, actriz y bailarina.

Diana

Otras lenguas   *Catalán*: Diana. *Inglés*: Diana; *francés*: Diane.

Onomástica   9 de junio.

Origen y significado   Del latín, contracción de *Diviana*, divina; *Diana* pasa a significar la del día y, por extensión, clara, luminosa.

Características   Muy humana y altruista. Tiene una fuerte personalidad, es ambiciosa en sus intereses sociales, muy práctica en la vida diaria, aunque romántica y soñadora en la vida privada.

Anécdota   Diana es la diosa cazadora, la Artemisa griega, diosa lunar que cazaba en los bosques acompañada por numerosas ninfas.

Personajes célebres   Santa Diana fue castigada por sus hermanos al saber que quería ingresar en una orden de dominicas, luego se arrepintieron y la ayudaron a fundar un convento; y la célebre Diana de Gales.

Diego

Otras lenguas   *Catalán*: Dídac; *vasco*: Didaka; *gallego*: Diogo. *Italiano*: Didaco; *portugués*: Diogo.

Onomástica   13 de noviembre.

Origen y significado   Variante por abreviación de Santiago; de *Sant-Yago, Tiego, Diego*; se ha latinizado en *Didacus* por influencia del griego *Didachós*, instruido; de aquí provienen las variantes en otros idiomas.

Características   Vivaz, fuerte e inteligente, muy capacitado para trabajar en equipo; pero sólo lo hace si su independencia no se ve amenazada, ya que aprecia mucho su autonomía.

Anécdota   El nombre se ha popularizado y separado de su originario Santiago gracias a la figura de San Diego de Alcalá, un franciscano andaluz que realizó labores en Canarias y Roma, donde murió en 1463.

Personajes célebres   Diego Rivera, pintor mexicano; Diego de Almagro, conquistador castellano del siglo XVI.

Dionisio

Otras lenguas   *Catalán*: Dionís, Dionisi; *vasco*: Dunixi; *gallego*: Denis, Dionis, Dionisio. *Inglés*: Dennis; *francés, alemán*: Denis; *italiano*: Dionigi; *portugués*: Dinis.

Femenino   Dionisia.

Diminutivos   Dioni, Deni.

Onomástica   9 de octubre.

Origen y significado   Del latín, consagrado al dios Dionisio; otra interpretación sostiene que su origen proviene de la palabra *dios-nysa*, dios de Nisa, siendo ésta una localidad egipcia en la que había un templo para este dios.

Características   En su carácter existen dos tendencias contradictorias, por una es seguro, independiente y autoritario, y por la otra es dependiente, inseguro y tímido. Debe conseguir un equilibrio entre ambas para sentirse contento.

Anécdota   La ciudad de Sidney debe su nombre a una abreviación del nombre normando de Saint-Denis, o sea San Dionisio.

Personajes célebres   El dios Dionisio era el dios del vino y en su honor se celebraban grandes fiestas y bacanales, por lo que dionisíaco ha quedado como un adjetivo que se refiere al exceso en la festividad y la embriaguez. Dionisio de Halicarnaso escribió en el siglo I a C. una historia de Roma; Denis Diderot, filósofo francés del siglo XVIII.

Dolores

Otras lenguas   *Catalán*: Dolors; *vasco*: Nekane; *gallego*: Dóres. *Italiano*: Addolorata.

Diminutivos   Lola, Loli, Loles, Lolita, Lolina.

Onomástica   15 de septiembre.

Origen y significado   Del latín *doleo*, sufrir, alude a los siete dolores de la Virgen María.

Características   Dinámica e independiente, pero también pasiva y dependiente, por lo que existe una contradicción interna en ella. Muy sensible y emotiva, tiende a ocultar sus emociones.

Personajes célebres   Dolores Ibarruri Gómez, más conocida como la pasionaria, fue célebre por su actividad política en el Partido Comunista; Lola Flores, famosa cantante y bailaora española.

Domingo

Otras lenguas   *Catalán*: Domènec; *vasco*: Domiku; *gallego*: Domingos. *Inglés*: Dominick; *francés*: Dominique; *alemán*: Dominik, *italiano*: Domènico; Mènico; *irlandés*: Domnech.

Variantes   Domenjo, Dominica, Domínica.

Diminutivos   Mingo, Mènico en italiano.

Onomástica   12 de mayo.

Origen y significado   Del latín *dominicus*, del señor o consagrado al señor, entendido por Dios.

Características   Idealista y soñador, está lleno de dudas y le cuesta adaptarse a las situaciones, puede caer en la apatía si se deja vencer por su inseguridad.

Anécdota   Existen varios santos con este nombre, quizás el más celebre sea el de Silos por el monasterio que fundó donde se reunió toda la cultura de su tiempo.

Personajes célebres   Domenico Scarlatti, compositor italiano del siglo XVIII; Domingo F. Sarmiento, escritor y político argentino del siglo XIX; Juan Domingo Perón, presidente de la Argentina.

Dora

Variantes   Dorinda, Doris.

Diminutivos   Muchas veces se usa como diminutivo de nombres como Dorotea, Teodora o Auxiliadora, aunque es un nombre con entidad propia.

Onomástica   6 de febrero.

Origen y significado   Del griego *doron*, regalo, presente, don. El nombre de Dorotea proviene de *doro-theos*, don de Dios. Teodora es la misma combinación invertida.

Características   Sensible y emotiva, posee un gran sentido práctico. Sabe asumir sus responsabilidades y es una persona de acción. Su mayor defecto es la falta de diplomacia.

Anécdota   Santa Dorotea fue una mártir del siglo III.

Personajes célebres   Doris Day, cantante y actriz estadounidense; Dorothy Lamour, también era actriz.

Edmundo

Otras lenguas   *Catalán*: Edmon; *vasco*: Emunda. *Inglés, francés*: Edmond; *alemán*: Edmund; *italiano*: Edmondo; *irlandés*: Eamon.

Onomástica   20 de noviembre.

Origen y significado   Del germánico *hrod-mund*, protector de la victoria.

Características   Activo y enérgico, a la vez es muy reservado y tímido. Muy capaz para dirigir y trabajar en grupo, cosa que la da una mayor seguridad en sí mismo.

Anécdota   San Edmundo fue un rey sajón al que los vikingos dieron muerte en el siglo IX.

Personajes célebres   Edmondo de Amicis, escritor italiano célebre por sus novelas para niños como *Corazón*; Edmond Rostand, autor teatral francés, creador de *Cyrano de Bergerac*; Edmund Hillary, fue la primera persona en escalar el Everest.

Eduardo

Otras lenguas   *Catalán*: Eduard; *vasco*: Edorta; *gallego*: Eduardo: Duardos. *Inglés*: Edward, Edgar; *francés*: Édouard; *alemán*: Edgar; *italiano*: Edoardo; *portugués*: Duarte.

Variantes   Edgar, forma antigua inglesa, Edgardo, Duarte, Duardos.

Diminutivos   Edu, Ed, Lalo, Ned, Ted, Eddie, Duardo.

Onomástica   13 de octubre.

Origen y significado Del germánico *ead*, propiedad, riqueza y *gar* lanza; o también *hrod-ward*, guardián glorioso. Generalmente se traduce por guardián de la riqueza.

Características Persona combativa y obstinada, sueña con poseer riquezas y poder. Le gusta el deporte y la política y disfruta sintiéndose útil; es muy franco y no soporta la falsedad.

Anécdota Este nombre ha estado siempre ligado a la nobleza anglosajona, ha habido varios reyes ingleses llamados Eduardo; incluso San Eduardo fue un rey inglés del siglo XI.

Personajes célebres Edgar Allan Poe, escritor norteamericano célebre por sus poemas y cuentos de terror; Edouard Manet, pintor francés impresionista; Edvard Munch, pintor noruego célebre por su cuadro *El grito*; Edward Kennedy Ellington (Duke Ellington), pianista de jazz; Eduardo Chillida, escultor vasco.

Elías

Otras lenguas *Catalán*: Elies; *vasco*: Eli. *Inglés*: Elijah, Ellis; *francés* Élie; *alemán*: Elias; *italiano*: Elía; *ruso*: Ilya.

Variantes Elía, Elihú, Eliú, Elia (f).

Diminutivos Eli.

Onomástica 20 de julio.

Origen y significado Del nombre hebreo *Elia*, latinizado como *Elías*. En hebreo son dos palabras *el-iah*, dos alusiones a Yavé.

Características Metódico y organizado, es muy elegante y le gusta cuidarse. Es adaptable y maleable, pero tiene muy claro lo que quiere y sabe defender sus ideas.

Anécdota San Elías es uno de los profetas de la Biblia.

Personajes célebres Elias Canetti, escritor búlgaro, consiguió el Premio Nobel en 1981; Elia Kazan, director de cine norteamericano.

Elisabet

Otras lenguas   *Catalán, gallego*: Elisabet; *vasco*: Elisabete. *Inglés*: Elisabeth; *francés*: Élisabeth; *alemán*: Elisabet; *italiano*: Elisabetta.

Variantes   Elisenda, Elisa se considera un diminutivo de Elisabet aunque es un nombre distinto.

Diminutivos   Else, Elsie, Bet, Betty, Liz, Lizzie, Beth, Betsy, Betsie; Elis, Bettina.

Onomástica   17 de noviembre.

Origen y significado   Se considera la forma antigua de Isabel, aunque también se pueden considerar como dos nombres distintos. Su origen es hebreo *eli-zabad*, Dios da, o también *elischeba*, promesa de Dios.

Características   Persona muy adaptable, sabe sacar provecho de todos los cambios, le gusta agradar y es muy elegante. Su mayor defecto es eludir sus responsabilidades.

Personajes célebres   Elisenda de Montcada, reina de Aragón, tercera esposa de Jaime II; Elisa Bonaparte, hermana de Napoleón; Elisabeth Taylor, actriz norteamericana; Bette Davis, actriz famosa por sus papeles dramáticos; Bettino Craxi, político italiano.

Eloy/Eloísa

Otras lenguas   *Catalán*: Eloi, Eloïsa; *vasco, gallego*: Eloi. *Francés*: Éloi.

Variantes   Eligio, Eloína.

Onomástica   1 de diciembre.

Origen y significado   Forma francesa del nombre latino *eligius*, elegido.

Características   Tenaz y dinámico, es alegre y buen conversador; le gusta viajar y vivir nuevas experiencias. Su defecto son los repentinos cambios de humor sin motivo.

Anécdota   San Eloy es el patrón de los joyeros, forjadores, herreros y cerrajeros. Era un ministro del rey Dagoberto y obispo de Noyon.

Personajes célebres   Eloísa, célebre personaje por su trágico amor con Abelardo; Eloy Alfaro, presidente del Ecuador a principios del siglo XX; Eloy de la Iglesia, director de cine.

Emilio/Emilia

Otras lenguas   *Catalán*: Emili; *vasco*: Emilli. *Inglés*: Emily; *francés*: Émile; *alemán*: Emil; *italiano*: Emilio.

Variantes   Emiliano.

Diminutivos   Emi.

Onomástica   Emilia 5 de abril, Emilio 28 de mayo.

Origen y significado   Nombre de una ilustre familia romana, que también dio nombre a una vía y a una provincia. Su origen debe ser anterior al latín y, aunque se ha querido relacionar con el griego *aimílios*, amable, esta relación es poco probable.

Características   Persona sobria y reservada, aunque se puede mostrar alegre y extrovertida si se siente cómoda. Tiene una autoridad innata y es muy apasionada en los temas que le interesan.

Personajes célebres   Émile Zola, escritor francés del naturalismo; Emily Brönte, escritora inglesa del siglo XIX; Emilio Salgari, escritor italiano famoso por sus novelas de aventuras; Emiliano Zapata, héroe de la Revolución Mexicana.

Emma

Variantes   Imma.

Onomástica   18 de diciembre.

Origen y significado   Abreviatura de Emmanuela, derivado de Manuela. Se une con la tradición germánica del dios *Ermin*.

Características   Persona muy ambiciosa a la que le gusta hacerlo todo, cosa que su capacidad e inteligencia le permiten conseguir en muchos casos. Su necesidad de cambio la hacen muy inestable e independiente.

Anécdota   *Emma* es el nombre de un personaje que da título a una novela de Jane Austen, que hace pocos años fue llevada al cine.

Personajes célebres   Emma fue hija de Carlomagno; Emma Penella, actriz española.

Enrique

Otras lenguas   *Catalán*: Enric; *vasco*: Endika; *gallego*: Henrique. *Inglés*: Henry; *francés*: Henri; *alemán*: Heimrich; *italiano*: Enrico, *holandés*: Henk; *finlandés*: Heikki; *sueco*: Henrik.

Variantes   Eimerico, Henrique, Enrica, Enriqueta.

Diminutivos   Quique, Harry, en Inglés, Henniker, Heinz en Alemán, Arrigo en italiano y Queta del femenino.

Onomástica   13 de julio.

Origen y significado   Evolución de la voz germánica *heimrich*, casa poderosa o caudillo de la casa.

Características   Persona sensible, romántica e idealista; le gusta planear grandes cosas, pero finalmente se pierde en los detalles. Sus defectos son la pereza y la dispersión que le impiden conseguir lo que desea. En el amor es muy afectivo con su pareja.

Anécdota   San Enrique de Dinamarca dejó la corona para vivir como un ermitaño, murió en 1415 mientras realizaba un viaje por Italia.

Personajes célebres   Enrique es un nombre de reyes europeos muy común en países como España, Alemania, Inglaterra y Portugal. Henri de Toulouse-Lautrec, pintor francés impresionista; Enrique Granados, compositor catalán; Henrik Ibsen, autor de obras teatrales noruego; Henry Miller, escritor norteamericano que estuvo casado con la actriz Marilyn Monroe.

Erico/Erica

Otras lenguas   *Catalán*: Eric.

Variantes   Erik/Erika, Eric, Eurico; el femenino a veces se pronuncia Érica.

Onomástica   18 de mayo.

Origen y significado   Nombre germánico de la palabra *ewaric*, regidor eterno. La forma original es Eric, que también es muy común.

Características   Persona agradable y afectuosa, posee una viva imaginación que le facilita los trabajos creativos y relacionados con la sensibilidad, pero a veces puede tener problemas para ceñirse a la realidad y poner los pies en la tierra.

Anécdota   Es un nombre muy frecuente en los países nórdicos, es célebre la historia de Eric el Rojo, un explorador vikingo que descubrió América en el siglo XI, antes que Colón. Incluso llegó a crear una colonia en Groenlandia.

Personajes célebres   San Erico, rey de Suecia que intentó extender el cristianismo hacia Finlandia, pero fracasó y fue asesinado en su intento; Eric Rohmer, director de cine Francés; Eric Fromm, psicólogo estadounidense que ha escrito varias obras sobre las relaciones humanas y los sentimientos; Erik Satie, compositor francés.

Ernesto

Otras lenguas   *Catalán*: Ernest; *vasco*: Arnulba; *gallego*: Ernesto. *Inglés, francés*: Ernest; *alemán*: Ernst.

Variantes   Ernesta, Ernestina.

Diminutivos   Ernie.

Onomástica   7 de noviembre.

Origen y significado   Del germánico *ernust*, combate. En inglés se relaciona por similitud con la palabra *earnest*, serio, inteligente.

Características   Tiene una fuerte personalidad, es reservado y responsable. Desea triunfar en la vida, pero es bastante disperso y perezoso, por lo que debe luchar contra estas tendencias para lograr sus éxitos.

Anécdota   Oscar Wilde juega con la similitud del nombre con la voz inglesa «earnest», en su novela *The Importance of being Earnest*, traducida como *La importancia de llamarse Ernesto*, donde se pierde el juego de palabras.

Personajes célebres   Ernest Hemingway, escritor norteamericano seducido por la cultura española; Ernesto Guevara (Che Guevara), revolucionario argentino que participó en la Revolución Cubana; Ernst Bloch, filósofo Alemán; Ernesto Sábato, escritor argentino.

Esperanza

Otras lenguas   *Catalán*: Esperança; *vasco*: Itxaropena. *Italiano*: Speranza.

Variantes   Spe, nombre masculino en italiano.

Onomástica   18 de diciembre.

Origen y significado   Del latín *spe*, esperanza. Se refiere a una de las tres Virtudes Teologales.

Características   Persona simpática y jovial, es emprendedora y activa; a pesar de ser muy extrovertida se interesa por la vida interior y le gusta la meditación y las ciencias ocultas.

Anécdota   Santa Sofía puso a sus tres hijas el nombre de las Virtudes Teologales, Fe, Esperanza y Caridad. De ahí surge este nombre, las tres hijas fueron mártires y santas.

Personajes célebres   Esperanza Roy, actriz de teatro.

Esteban/Estefanía

Otras lenguas   *Catalán*: Esteve; *vasco*: Estepan, Itxebe, Etxiban; *gallego*: Estevo. *Inglés*: Stephen; *francés*: Étienne; *alemán*: Stefan; *italiano*: Stefano; *holandés*: Steven.

Variantes   Estefan, forma antigua de Esteban que hoy en día vuelve a usarse. La forma italiana Estéfano también empieza a ser frecuente.

Diminutivos   Steve, Fanny.

Onomástica   Estefanía 16 de enero, Esteban 26 de diciembre.

Origen y significado   Del griego *stephanós*, coronado, victorioso.

Características   Persona vital y apasionada que disfruta con el riesgo y la aventura. Impulsivo e impaciente, se cansa rápidamente de los logros conseguidos.

Anécdota   San Esteban fue lapidado en el siglo I y por eso es el patrono de los canteros.

Personajes célebres   Steven Spielberg, director de cine estadounidense creador de películas de gran éxito como *ET* o *Parque Jurásico*; la princesa Estefanía de Mónaco ha hecho popular el femenino de este nombre.

Ester

Otras lenguas   *Catalán, gallego*: Ester. *Inglés, francés*: Esther.

Variantes   También se usa la grafía Esther. Son variaciones de la misma raíz los nombres Estrella y Estela.

Onomástica   8 de diciembre.

Origen y significado   Variante que adoptaron los judíos del nombre *Isthar*, diosa babilónica.

Características Persona enigmática, se mantiene distante y reservado creando un halo de misterio en torno a ella. Es indecisa y busca una independencia que su inseguridad no le permite alcanzar.

Anécdota Santa Ester era la esposa del rey Asuero y su belleza y elocuencia lo convencieron para que liberara a miles de judíos que mantenía prisioneros.

Personajes célebres La actriz y nadadora Esther Williams.

Eugenio/Eugenia

Otras lenguas *Catalán*: Eugeni; *vasco*: Eukeni; *gallego*: Euxenio, Uxio. *Inglés*: Eugene; *francés*: Eugène; *alemán*: Eugen; *italiano*: Eugenio.

Diminutivos Gene, Genio; Xènius.

Onomástica Eugenia 2 de junio, Eugenio 25 de diciembre.

Origen y significado Del griego *eu-genos* de casa nobles, de buen origen.

Características Persona seductora y encantadora, le gusta cuidarse y agradar a los demás, es muy hábil en los trabajos colectivos y en la comunicación. Su problema es que pierde el interés por lo que hace de forma muy rápida.

Anécdota Eugenia de Montijo se casó con Napoleón III y fue emperadora junto con él.

Personajes célebres Eugeni d'Ors, escritor catalán; Eugène Ionescu, dramaturgo rumano.

Eulalia

Otras lenguas *Catalán*: Eulàlia; *vasco*: Eulale; *gallego*: Eulalia, Baia, Olaia, Olalla. *Inglés*: Eulalia; *francés*: Eulalie.

Variantes Olalla, Olària, Laia.

Diminutivos   Lali, Alla, Baia.

Onomástica   12 de febrero.

Origen y significado   Del griego *eu-lalos*, bien hablado, elocuente.

Características   Persona vital y alegre, es muy generosa y se interesa sinceramente por los demás; es muy práctica y sabe tener los pies en la tierra.

Anécdota   Santa Eulalia es la patrona de la ciudad de Barcelona; en el siglo IV fue torturada y colgada en una cruz, ésta se cubrió de nieve blanca para demostrar la pureza de la santa.

Personajes célebres   Hay otra Santa Eulalia en Mérida; Eulàlia Vintró, política catalana.

Eva

Otras lenguas   *Catalán, gallego*: Eva. *Inglés, francés, alemán*: Eve; *italiano*: Eva; *ruso*: Eva, Jevva.

Onomástica   6 de septiembre.

Origen y significado   Nombre hebreo derivado de *hiyya*, la que da la vida.

Características   Persona activa y dinámica, es muy conciliadora y maleable, se adapta a cualquier situación pero no por ello deja de saber lo que quiere y de hacer valer sus derechos.

Anécdota   La Eva más célebre es la primera mujer de la Biblia, y de ahí el significado de este nombre, la que da vida. Eva siempre ha estado relacionada con la vida; incluso en la Edad Media se creía que las mujeres que llevaban este nombre podían vivir más años, por lo que llegó a ser muy frecuente.

Personajes célebres   Eva Duarte de Perón, «Evita», mujer del presidente Perón y política argentina; Ava Gardner, actriz estadounidense.

Fabián

Otras lenguas   *Catalán*: Fabià; *vasco*: Paben; *gallego*: Fabián. *Inglés, alemán*: Fabian; *francés*: Fabien.

Variantes   Fabio, Fabiola.

Diminutivos   Fabiolo.

Onomástica   20 de enero.

Origen y significado   Del latín *fabianus*, gentilicio de Fabio.

Características   Persona ordenada y metódica capaz de lograr una buena organización laboral, lo que le permite triunfar con facilidad. Le encanta la vida familiar y tranquila.

Anécdota   La *Fabium Society* fue un antecedente del partido laborista inglés a principios de siglo. Su nombre se debe a su fundador Fabio Cunctator.

Personajes célebres   Fabio fue el nombre de varios patricios romanos destacados; Fabiola de Mora y Aragón, reina de Bélgica; Fabià Estapé, economista catalán.

Federico/Federica

Otras lenguas   *Catalán*: Frederic; *vasco*: Perderika; *gallego*: Frederico. *Inglés*: Frederic; *francés*: Frédéric; *alemán*: Friedrich; *italiano*: Federico, Federigo; *portugués*: Frederico; *sueco*: Fredrik.

Variantes   Fadrique.

Diminutivos   Fede, Fredi, Freddy, Fred, Fritz.

Onomástica   18 de julio.

Origen y significado   Del germánico *fridu-reiks*, príncipe de la paz.

Características   Se encuentra dividido entre una curiosidad muy viva que ansía cambios y emociones, y un deseo interno de paz y tranquilidad en una vida asentada y sosegada.

Anécdota   Federico es nombre muy usado por distintos reyes. Entre ellos destacamos a Federico II El Grande, rey de Prusia que intentó aumentar su territorio y por ello inició la Guerra de los Siete años. En Prusia practicó el despotismo ilustrado.

Personajes célebres Fréderic Chopin, destacado pianista y compositor polaco; Friedrich Nitzsche, filósofo alemán; Federico García Lorca, poeta andaluz; Federico Fellini, director de cine italiano.

Felipe

Otras lenguas   *Catalán*: Felip; *vasco*: Pilipa, Pilipe; *gallego*: Filipo, Filipe. *Inglés*: Philip; *francés*: Philippe; *italiano*: Filippo.

Variantes   Felipa, Filipo, Filipe.

Diminutivos   Pippo en italiano.

Onomástica   3 de mayo.

Origen y significado   Del griego *philos-hippos*, amigo de los caballos.

Características   Persona muy segura de sí misma y muy fuerte, tiene un gran magnetismo, es autoritaria y con facilidad para mandar. A pesar de parecer muy rudo, en el fondo es sensible y emotivo y le gusta agradar y ayudar a los demás.

Anécdota   Varios reyes se han llamado Felipe, entre ellos Felipe II rey de Castilla, Aragón y Portugal, que poseía un territorio donde «nunca se ponía el sol», contando con sus posesiones en Europa, América y Oceanía. Las islas Filipinas, por ejemplo, tienen este nombre en su honor.

Personajes célebres Además de varios reyes españoles y el actual heredero a la corona, destacan San Felipe Neri, eclesiástico italiano del siglo XVI; Felipe González, presidente de España del año 1982 al 1996.

Félix

Otras lenguas *Catalán*: Félix, Feliu; *vasco*: Peli; *gallego*; Fiz. *Inglés, alemán*: Felix; *francés*: Félix; *italiano*: Felice.

Variantes Felio, Felío, Felicia, Felisa.

Onomástica 14 de enero.

Origen y significado Del latín *felix*, feliz, o también fértil.

Características Persona egocéntrica, es idealista y le gusta todo lo relacionado con el arte y la creatividad. Puede ser muy estudioso y metódico si consigue aplicarse en algo sin distraerse con los cambios o variaciones.

Anécdota San Félix, el Africano, fue un mártir de Gerona donde predicó el cristianismo en época romano y fue asesinado. En esa ciudad tiene un hermoso templo.

Personajes célebres Felix Mendelssohn, compositor alemán, es muy conocida su marcha nupcial; Félix Rodríguez de la Fuente, fue el creador de una serie de fascículos y documentales de televisión sobre la fauna ibérica

Fermín

Otras lenguas *Catalán*: Fermí; *vasco*: Permiñ; *gallego*: Firmino. *Inglés, francés*: Firmin; *italiano*: Firmino.

Femenino Fermina.

Onomástica 7 de julio.

Origen y significado   Del latín *firmus*, firme.

Características   Es muy reservado y tímido, parece estar siempre a la defensiva, pero también desea comunicarse y relacionarse. Suele ser bastante provocador, por lo que no siempre le resulta fácil comunicarse, es muy creativo e imaginativo.

Anécdota   San Fermín fue obispo de Amiens y fue martirizado en el siglo IV.

Personajes célebres   Fermín Cacho, atleta español.

Fernando

Otras lenguas   *Catalán*: Ferran; *vasco*: Perdiñanda, Erlanz; *gallego*: Fernando, Fernán. *Inglés*, *francés*, *alemán*: Ferdinand; *italiano*: Ferdinando, Ferrante.

Variantes   Fernán, Hernando, Hernán, Fernanda.

Diminutivos   Ferni, Fer.

Onomástica   30 de mayo.

Origen y significado   Del germánico *Fredenandus*, formado por *frad*, inteligente y *nand*, osado atrevido.

Características   Persona inteligente, disfruta con la reflexión y la meditación. Posee una gran facilidad de palabra y buena oratoria que le puede resultar muy útil en su vida profesional.

Anécdota   Es un nombre común en la casa real española, lo han llevado desde Fernando I conde de Castilla y Ferran I rey de Aragón, hasta Fernando VII, rey de España en el siglo XVIII.

Personajes célebres   Hernán Cortés conquistó México; Fernando de Rojas escribió *La Celestina*; Fernão Magalhães, navegante portugués que cruzó por primera vez el estrecho que lleva su nombre en 1519; Ferdinand Saussure, lingüista suizo.

Fidel

Otras lenguas   *Catalán, gallego*: Fidel.

Variantes   Fidelio.

Onomástica   24 de abril.

Origen y significado   Del latín *fidelis*, fiel, que procede de *fides*, fe.

Características   Es soñador e introvertido, excesivamente sensible. Suele refugiarse en su mundo imaginario ante los golpes de la vida.

Anécdota   *Fidelio* es la única ópera completa de Beethoven; en ella exalta el valor de la fidelidad conyugal.

Personajes célebres   Fidel Castro, revolucionario y dirigente cubano.

Flor

Otras lenguas   *Catalán, gallego*: Flor.

Variantes   Flora, Florinda, Florentina, Florencia, Florente, Florino, Florio, Floro, Florentino, Florencio.

Onomástica   24 de noviembre.

Origen y significado   Todos estos nombres derivan del latín *florus*, flor, y de *Flora*, diosa romana de las flores, esposa de Céfiro.

Características   Persona reservada, tímida, es bastante seria e introvertida. Es muy sensible y se siente herida fácilmente, por eso prefiere solucionar las cosas sola, sin pedir ayuda a los demás.

Anécdota   Florida es uno de los estados de los Estados Unidos, y Florencia es una hermosa ciudad italiana.

Personajes célebres   Florencio Sánchez, dramaturgo uruguayo.

Francisco/Francisca

Otras lenguas *Catalán*: Francesc/Francina; *vasco*: Prantxes, Prantxesca; *gallego*: Francisco. *Inglés*: Francis; *francés*: François; *alemán*: Franz; *italiano*: Francesco; *húngaro*: Ferencz.

Diminutivos Paco, Pancho, Curro, Quico, Fran, Francis, Cesc, Farruco, Fuco, Patxi, Patxo, Frank, Fanny, Cecco.

Onomástica Francisca 9 de marzo, Francisco 4 de octubre.

Origen y significado Del italiano *Francesco*, francés, nombre que Bernandone de Asís daba a su hijo Juan por su afición a hablar en francés.

Características Reservado e introvertido, intenta ocultar sus emociones; le cuesta mucho abrirse y confiar en la gente. En el fondo es muy sensible y ansía gustar y ser querido.

Anécdota San Francisco de Asís popularizó este nombre; promulgaba el amor a los hombres y a los animales, idea que revolucionó la Iglesia del momento. Abandonó toda la riqueza y las comodidades para vivir entre los pobres y ayudarlos.

Personajes célebres Ferenc Liszt, compositor y pianista húngaro; Francis Bacon, filósofo inglés; Franz Kafka, escritor checo, aunque sus obras las hacía en alemán, es conocido por su particular visión del mundo; Frank Sinatra, cantante estadounidense, conocido como «La voz».

Gabriel/Gabriela

Otras lenguas *Catalán*, *gallego*: Gabriel; *vasco*: Gabirel. *Inglés*, *francés*, *alemán*: Gabriel; *italiano*: Gabriele; *húngaro*: Gabor; *ruso*: Gavril.

Diminutivos   Gaby.

Onomástica   29 de septiembre.

Origen y significado   Del hebreo *gabar-el*, fuerza de Dios.

Características   Fuerte, responsable y determinado, le gusta cuidar de su familia. Es trabajador y ordenado, los pequeños problemas le sacan de quicio, haciendo gala de un mal genio inesperado.

Anécdota   San Gabriel es el arcángel que anunció la maternidad a María; el Papa Pío XII lo hizo patrón de las comunicaciones.

Personajes célebres   Gabrielle d'Annunzio, escritor italiano; Gabriel García Márquez, escritor colombiano, recibió el Premio Nobel de Literatura en 1982; Gabriela Mistral, poetisa chilena, recibió el Premio Nobel de Literatura en 1945.

Gaspar

Otras lenguas   *Catalán, gallego*: Gaspar; *vasco*: Gaxpar. *Inglés*: Jasper, Caspar; *francés*: Gaspard; *alemán*: Kaspar; *italiano*: Gàspare.

Onomástica   6 de enero.

Origen y significado   Su origen es incierto, puede provenir del persa de la voz *kansbar*, tesorero, o también del sirio, una evolución del nombre *Gushnassaph*.

Características   Es muy emotivo y sensible, posee una gran intuición y es muy generoso y altruista, por lo que es frecuente que colabore en trabajos sociales. Es muy tímido y reservado y necesita sentirse querido, por lo que busca la estabilidad emocional.

Anécdota   Es el nombre de uno de los tres Reyes Magos de Oriente en la tradición cristiana. En la Edad Media era un nombre frecuente, posteriormente ha perdido popularidad.

Personajes célebres   Gaspar Melchor de Jovellanos, escritor y político asturiano del siglo XVIII; Gaspar de Guzmán, Conde Duque de Olivares, político castellano del siglo XVI; Gaspar Hauser, niño salvaje encontrado en Francia en el siglo XIX.

Gemma

Otras lenguas   *Catalán*: Gemma; *gallego*: Xema.

Variantes   Gema.

Onomástica   14 de mayo.

Origen y significado   Del latín *Gemma*, piedra preciosa, joya.

Características   Es una mujer emprendedora, enérgica y obstinada, le gusta conseguir lo que quiere; es ambiciosa y trabajadora. Posee un gran sentido de la amistad siendo generosa y fiel con sus personas queridas aunque se muestre muy exigente con sus allegados.

Personajes célebres   Gemma fue una mártir canonizada en 1940; Gemma era el nombre de la esposa de Dante Alighieri.

Genoveva

Otras lenguas   *Catalán*: Genoveva; *vasco*: Kenubep; *gallego*: Xenoveva. *Inglés*: Guenevere; *francés*: Geneviève; *alemán*: Genoveva; *italiano*: Genoveffa.

Variantes   Geneveo, Junípero.

Diminutivos   Gene, Geno, Jennifer en inglés.

Onomástica   3 de enero.

Origen y significado   Del germánico *gen*, origen y *wifa*, mujer. Se une con el nombre galés *gwenhuifar*, blanca como la espuma del mar.

Características   Se encuentra dividida entre sus deseos de ser disciplinada, metódica y organizada, y su carácter disperso, soñador y perezoso.

Anécdota   Genoveva de Brabante era la esposa del Conde Sigfrido que rechazó las insinuaciones de su mayordomo Golo, mientras el conde estaba en las cruzadas. Al regreso del esposo fue acusada de adulterio por el mayordomo y la condenaron a morir descuartizada, pero consiguió huir y vivió exiliada en un bosque durante seis años. Luego se reencontró con su marido descubriéndose su inocencia.

Personajes célebres   Santa Genoveva es la patrona de París; Gene Kelly, actor y bailarín estadounidense; Jennifer Jones, actriz cinematográfica estadounidense.

Gerardo

Otras lenguas   *Catalán*: Gerard, Garau, Guerau; *vasco*: Kerarta; *gallego*: Xeralod, Xiraldo, Xerardo. *Inglés*: Gerald, Gerard; *francés*: Gérald, Gérard; *alemán*: Gerald; *italiano*: Gherardo.

Variantes   Geraldo, Gerolado, Giraldo, Girardo, Grao, Grau, Guerao, Geraldina.

Diminutivos   Garry, Jerry en inglés, Gaddo en italiano.

Onomástica   23 de abril.

Origen y significado   Del germánico *gair-hard*, fuerte con la lanza; o también de *gair-ald*, noble por la lanza.

Características   Persona fuerte y autoritaria, es muy directo y franco; le gusta la sinceridad y la amistad. Muy capacitado para trabajar en grupo y para dirigir.

Anécdota   San Gerardo de Brou era demasiado humilde para aceptar el obispado, cuando lo convencieron, fue obispo de Mâcon durante cuarenta años, luego fundó un monasterio donde murió en 940.

Personajes célebres   Gerardo Diego fue un poeta de la generación del 27; Gerald Ford fue presidente de los Estados Unidos en 1974; Gerard Depardieu es un destacado actor francés.

Germán

Otras lenguas   *Catalán*: Germà; *vasco*: Kerman; *gallego*: Xermán. *Inglés*: German; *francés*: Germain; *italiano*: Germano; *galés*: Garmon.

Femenino   Germana.

Onomástica   28 de mayo.

Origen y significado   Diversas tradiciones se unen en este nombre, por una parte el latín *germanus*, hermano; también del germánico *wehr-mann*, hombre que se defiende, o *heer-mann*, guerrero, y también *gair-mann* hombre de la lanza.

Características   Persona muy detallista y cuidadosa a quien encantan las cosas bien hechas y cuidar los detalles, esto lo convierte en un gran trabajador. Muy amante de la vida familiar, tiene gustos sencillos y disfruta con la vida apacible.

Anécdota   En París existe el barrio de *Saint-Germain-des-Prés*, en honor a San Germán de París.

Personajes célebres   Germana de Foix fue la segunda esposa de Fernando el Católico, después de que enviudara de Isabel.

Gisela

Otras lenguas   *Catalán* Gislè, Gisela. *Inglés*, *alemán*: Gisela; *francés*: Ghislain/Gisèle; *italiano*: Gisella.

Masculino   Gisleno.

Onomástica   21 de mayo.

Origen y significado   Del germánico *gisil*, flecha.

Características   Persona muy emotiva, es muy seductora y sensual, representa la encarnación de los encantos femeninos, pero en el fondo es muy generosa y preocupada por los problemas sociales y humanitarios.

Anécdota   *Gisèle* es uno de los ballets clásicos por excelencia.

Personajes célebres   Una hermana santa de Carlomagno lo tomó como nombre.

Gloria

Otras lenguas   *Catalán*: Glòria; *vasco*: Aintzane; *gallego*: Gloria.

Variantes   Glorinda.

Onomástica   25 de marzo.

Origen y significado   Del latín *gloria*, fama, reputación. Como nombre se refiere a la Pascua de Resurrección o Domingo de Gloria.

Características   Persona enérgica y ambiciosa, es muy activa y autoritaria, aunque eso no le impide ser cariñosa y afectuosa con sus personas queridas.

Personajes célebres   Gloria Swanson, actriz de cine; Gloria Fuertes, escritora y poetisa.

Gonzalo

Otras lenguas   *Catalán*: Gonçal; *vasco*: Gontzal; *gallego*: Gonzalo. *Francés*: Gonsalve; *italiano*: Consalvo.

Variantes   Gonzalvo, Gundislavo.

Onomástica   6 de junio.

Origen y significado   Del germánico *gund*, lucha, *all*, total y *vus*, dispuesto, preparado, por lo que su significado es guerrero totalmente preparado para la lucha.

Características   Persona enérgica y autoritaria, tiene una gran capacidad de mando y organización. Es muy nervioso y activo, le gusta viajar y los cambios, es un amigo leal, que sabe apreciar a sus personas cercanas.

Anécdota   Gonzalo Fernández de Córdoba era conocido como «el Gran Capitán», conquistó Granada y participó en la campaña de Italia. Fue nombrado virrey de Nápoles en 1504.

Personajes célebres   Gonzalo Torrente Ballester es un prestigioso escritor que consiguió el Premio Cervantes en 1985.

Gracia

Otras lenguas   *Catalán*: Gràcia; *vasco*: Atsegiñe, Gartze; *gallego*: Gracia. *Inglés*: Grace.

Variantes   Engracia, Altagracia, Graciosa, Graciela, Gracián, Graciano, Grato, Gratiriano, Graciniano, Graciliano.

Onomástica   23 de julio.

Origen y significado   Su origen es muy antiguo, procede del sánscrito *gurta*, bienvenido, agradable; y se latinizó en *gratus*, grato agradable. Generalmente como nombre tiene un valor religioso referido a la Gracia Divina.

Características   Persona muy capacitada, lo que en ocasiones la puede someter a una gran presión ya que se le exige mucho y se espera lo mejor de ella. Para salir adelante, debe olvidar las presiones y expectativas externas y centrarse en su propios deseos.

Anécdota   El origen de este nombre es mitológico y se refiere a las tres gracias, Aglaya, Eufrosina y Talía, hijas de Zeus y Afrodita que han sido inspiración de grandes obras de arte. Posteriormente se le dio un significado religioso católico.

Personajes célebres   Grace Kelly, actriz cinematográfica que luego se casó con el príncipe de Mónaco.

Gregorio/Gregoria

Otras lenguas   *Catalán*: Gregori; *vasco*: Gergori; *gallego*: Gregorio. *Inglés*: Gregory; *francés*: Grégoire; *alemán*: Gregor; *ruso*: Gregori.

Diminutivos   Goyo, Gori, Goro, Gorecho, Grisha en ruso.

Onomástica   3 de septiembre.

Origen y significado   Del griego *egrégorien*, que vela, vigilante.

Características   Introvertido, obstinado, tímido y retraído, le cuesta centrarse pero cuando se fija una meta no para hasta conseguirla.

Anécdota   San Gregorio fue un obispo de Granada. Otro obispo lo acusó en falso por la envidia que sentía, el santo consiguió demostrar la falsedad por un milagro que transformó la cara del acusador en algo tan horroroso como las mentiras que estaba diciendo.

Personajes célebres   Gregorio VII, Papa en el siglo XI; Gregorio Marañón, médico e historiador castellano; Grigori Yefimovich (Rasputín), monje ruso que participó en los hechos anteriores a la Revolución Rusa; Gregory Peck, actor de cine estadounidense.

Guadalupe

Diminutivos   Lupe, Lupita, Pita, Guada.

Onomástica   12 de diciembre.

Origen y significado   Del árabe *wadi al-lub*, río de cantos negros, o de *wadi-lupi*, río de lobos. Otras tradiciones lo relacionan con el nombre náhuatl *coatlxopeuh*, la que pisó la serpiente.

Características   Persona sencilla y trabajadora, también es ambiciosa y seductora, es muy testaruda y posesiva, aunque esto no le impide ser muy generosa. Su ambición es una vida tranquila rodeada de sus seres queridos.

Anécdota   En su origen era el nombre de un río extremeño al lado del cual se erigió un santuario en honor a Nuestra Señora de Guadalupe, que era la patrona de la hispanidad. El culto pasó con los conquistadores a México, donde se ha extendido mucho y es la patrona de ese país.

Guido

Otras lenguas   *Catalán*: Guido, Guiu; *gallego*: Guido. *Francés*: Guy; *alemán*: Wido; *italiano*: Guido.

Variantes   Guidón.

Onomástica   12 de septiembre.

Origen y significado   Del germánico *widu*, amplio, extenso; también puede ser de la palabra *witu*, madera, bosque.

Características   Persona franca y directa, cuida mucho su aspecto externo siendo elegante y aseado. Le gusta gustar y tiene facilidad para convencer y comunicar, dotes que, aplicadas a su vida profesional, le proporcionarán grandes éxitos.

Anécdota   San Guido fue un campesino que llevó una vida sencilla y asceta, tocaba la campana y pasaba el cestillo en la Iglesia. Luego peregrinó a Tierra Santa y murió durante su regresó. Es el patrón de los sacristanes y cocheros.

Personajes célebres   Guido Reni, pintor italiano del siglo XVII; Guy de Maupassant, escritor francés del siglo XIX.

Guillermo

Otras lenguas   *Catalán*: Guillem; *vasco*: Gilamu, Gillen; *gallego*: Guillelme, Guillelmo. *Inglés*: William; *francés*: Guillaume; *alemán*:Wilhem; *italiano*: Guglielmo; *holandés*: Willem.

Variantes   Guillerma, Guillermina.

Diminutivos   Guille; Willy, Will, Billy, Bill, en ingles, Memmo, en italiano y Liam en holandés.

Onomástica   25 de junio.

Origen y significado   Del germánico *will*, voluntad y *helm*, yermo, se podría traducir como protector decidido o voluntarioso.

Características   Es muy introvertido y meditativo, puede parecer cínico e irónico, pero es un camuflaje para ocultar su sensibilidad y fragilidad, ya que es muy emotivo y se siente herido fácilmente. Le gusta meditar y pensar en las cuestiones básicas de la vida.

Anécdota   Los seguidores de San Guillermo eran llamados «guillermistas». El santo abandonó su vida militar para convertirse en ermitaño vistiendo sólo una piel de animal.

Personajes célebres   Nombre muy frecuente en la Edad Media en Europa; Guglielmo Marconi, inventor y físico italiano; William Shakespeare, autor teatral inglés cuyas obras son piezas únicas en la historia del teatro universal; Billy Wilder, director de cines estadounidense; Bill Clinton, político presidente de los Estados Unidos.

Gustavo

Otras lenguas   *Catalán*: Gustau; *gallego*: Gustavo. *Inglés*: Gustavus; *francés*: Gustave; *alemán*: Gustav; *sueco*: Gustaf, Gosta.

Diminutivos   Gus.

Onomástica   3 de agosto.

Origen y significado   Del germánico *gund-satf*, cetro real, pero con influencias latinas, sobre todo del nombre Augusto.

Características   Sensible, afectivo y cariñoso, es una persona familiar que disfruta con la vida hogareña. Buen comunicador y organizador, muy hábil en los trabajos en equipo.

Personajes célebres Nombre muy común entre los reyes suecos; Gustave Mahler fue un gran compositor postromántico de principios del siglo XX; Gustave Doré fue un gran dibujante y pintor francés del siglo XIX; Gustave Flaubert, escritor francés cuya obra cumbre fue *Madame Bovary*; Gustave Klimt, pintor austríaco; Gustavo Adolfo Bécker, poeta castellano del siglo XIX.

Haroldo

Variantes Aroldo, Haribaldo, Heribaldo.

Onomástica 1 de octubre.

Origen y significado Del germánico *hari-gald*, pueblo ilustre.

Características Persona tímida y retraída, le cuesta mucho mostrar sus emociones, pero cuando se abre lo hace de forma sincera y con confianza.

Anécdota Este nombre lo llevaron varios reyes ingleses, el rey Harold perdió ante Guillermo en el siglo XI y dio origen a la invasión normanda.

Personajes célebres Harold Lloyd, famoso actor del cine mudo.

Héctor

Otras lenguas *Catalán*: Hèctor. *Italiano*: Èttore; *portugués*: Hetor.

Onomástica No tiene.

Origen y significado Del griego *hektoren*, esculpir, educar; o también de *sech*, coger, el que posee.

Características   Persona dulce y extrovertida, le gusta la vida social y tiene una gran facilidad para caer bien y hacer amigos. En el trabajo es detallista, metódico y ordenado.

Anécdota   Héctor es uno de los protagonistas de *La Iliada*, es el padre de Helena y rey de Troya, que defiende su ciudad del ataque de los aqueos.

Personajes célebres   Héctor Berlioz, compositor francés del siglo XIX; Èttore Scola, director cinematográfico italiano.

Helena

Otras lenguas   *Vasco*: Elene. *Inglés*: Helen, Hellen; *francés*: Hélène; *alemán*: Helena; *italiano*: Èlena; *irlandés*: Airleen; *rumano*: Ileana; *húngaro*: Ilona.

Variantes   Helenio, Elena, Eleonor, Olga, Heleno.

Diminutivos   Lena.

Onomástica   18 de agosto.

Origen y significado   Del griego *Heléne*, antorcha.

Características   Persona sentimental y cariñosa, encontrar el amor es uno de sus objetivos vitales. Su implicación excesiva le pueden hacer pecar de falta de diplomacia.

Anécdota   La más celebre es Helena de Troya, que provocó la guerra al escapar de su matrimonio con el rey Menelao junto con su amante Paris. Menelao fue a Troya y sitió la ciudad en un intento por recuperar a su mujer.

Personajes célebres   Helen Keller; la infanta Elena.

Hermán

Otras lenguas   *Catalán*: Hermà, Herman.

Variantes   Hermano.

Onomástica   7 de abril.

Origen y significado   Se considera equivalente al de Germán; aunque también puede venir de *airman*, grande, fuerte.

Características   Persona muy intuitiva y perspicaz, tiene especial olfato para los negocios. Le gusta la vida social y es un gran comunicador, tiene don de gentes.

Anécdota   San Hermán era paralítico, pero a pesar de ello escribió varias obras, entre ellas el himno religioso «Salve Regina», murió en 1054.

Personajes célebres   Herman Melville, escritor norteamericano famoso por su creación de *Moby Dick*; Herman Hesse, novelista alemán.

Hilario

Otras lenguas   *Catalán* Hilari; *vasco*: Illari; *gallego*: Hilario. *Inglés*: Hilary; *francés*: Hilaire; *alemán*: Hilar; *italiano*: Ilario.

Variantes   Hilarino, Hilarión, Hilaria.

Onomástica   13 de enero.

Origen y significado   Del latín *hilaris*, alegre.

Características   Persona generosa y acogedora, es muy curiosa y abierta, por lo que se interesa mucho por los demás, aunque se muestre algo reservada con sus temas personales.

Anécdota   San Hilario fue un obispo de Poitiers que combatió el arrianismo, murió en el 367.

Personajes célebres   Hillary Clinton es la esposa de Bill Clinton, presidente de los Estados Unidos.

Honorio

Otras lenguas   *Catalán*: Honori; *gallego*: Honorio. *Inglés*: Honor; *francés*: Honoré; *alemán*: Honorius; *italiano*: Onòrio.

Variantes   Honorino, Honorato, Honoria, Honorina.

Onomástica   24 de abril.

Origen y significado   Del latín *Honorius*, honorable.

Características   Es ingenioso e inteligente, muy hábil para los negocios y para comunicarse y hacerse entender, es tímido y muy inquieto y bastante inseguro, aunque aparente lo contrario.

Anécdota   Flavio Honorio, fue el primer emperador del Imperio Romano de Occidente, después de la división hecha por su padre, Teodosio, que repartió el territorio entre sus dos hijos.

Personajes célebres   Existen varios Papas llamados Honorio; también hay que destacar al escritor francés Honoré Balzac.

Horacio

Otras lenguas   *Catalán*: Horaci; *gallego*: Horacio. *Inglés*: Horace, Horatio; *francés*: Horace; *alemán*: Horatius; *italiano*: Orazio.

Onomástica   No tiene.

Origen y significado   Del latín *Horatius*, nombre de una célebre familia romana. Algunos autores lo relacionan con *Hora*, la diosa de la juventud.

Características   Persona reflexiva e introvertida, le gustan los temas intelectuales, es muy estudioso y aplicado. Posee un sentido del humor muy característico, que sorprende en cuanto lo muestra.

Anécdota   Quinto Horacio Falco es uno de los grandes poetas latinos, perteneciente a la familia romana de los Horacios.

Personajes célebres Horacio Quiroga, escritor argentino; Horatio Nelson, almirante de la flota inglesa que venció a la armada napoleónica en la batalla de Trafalgar.

Hortensia

Otras lenguas *Catalán*: Hortènsia; *gallego*: Hortensia. *Inglés*, *alemán*: Hortensia; *francés*: Hortense.

Masculino Hortensio.

Onomástica 11 de enero.

Origen y significado Del latín *Hortensius* era un gentilicio, se puede traducir como relativo al jardín. También es el nombre de una flor, que se llama así en honor a Hortensia Lepaute.

Características Persona muy sociable, disfruta en las reuniones de amigos, es abierta, simpática y extrovertida. Siempre es el centro de atención; también se puede mostrar reservada y callada cuando algún problema le preocupa.

Anécdota Hortense Lepaute era la mujer de un relojero francés del siglo XVIII; el biólogo francés Commerson dio ese nombre a una flor de origen japonés en honor a ella.

Personajes célebres Hortensia Beauharnais, esposa de Luis Bonaparte, rey de Holanda, fue la madre de Napoleón III.

Hugo

Otras lenguas *Catalán*: Hug; *vasco*: Uga; *gallego*: Hugo. *Inglés*: Hugh; *francés*: Hugues; *alemán*: Hugo; *italiano*: Ugo.

Variantes Hugón, Hugocio, Hugolino, Hugoso.

Onomástica 1 de abril.

Origen y significado   Del germánico *hugh*, inteligencia, juicio. Hace referencia a los cuervos del dios Odín que le informaban de lo que sucedía en la tierra.

Características   Persona enérgica y activa, es muy obstinado y ambicioso. No soporta el engaño y reacciona de forma muy violenta cuando percibe uno.

Anécdota   Los «hugonotes», nombre que recibían los protestantes franceses, no tienen relación con este nombre. Se trata de una traducción de la palabra alemana *Eidgenossen*, «confederados».

Personajes célebres   Hugo Junkers, inventor alemán que perfeccionó los primeros motores para aviones; Hugo Pratt, dibujante de cómic creador del personaje el «Corto Maltés».

Humberto

Otras lenguas   *Catalán*: Humbert; *vasco*: Uberta; *gallego*: Humberto. *Inglés*, *alemán*: Humbert; *francés*: Hubert; *italiano*: Umberto.

Variantes   Umberto.

Onomástica   25 de marzo.

Origen y significado   Del germánico *hunn-berth*, oso famoso.

Características   Metódico y cuidadoso, es un amante del trabajo bien hecho. De carácter tranquilo y paciente, está muy cualificado para labores difíciles que requieran especial atención en los detalles.

Anécdota   San Humberto fue un conde de Saboya que se recluyó en un monasterio, aunque se vio obligado a salir de él en varias ocasiones, para guerrear o dar un heredero a su corte.

Personajes célebres   Varios reyes italianos y condes de Saboya se llamaron Humberto, por lo que es un nombre muy frecuente en ese país; Umberto Eco es un destacado novelista y semiólogo italiano.

Ignacio

Otras lenguas   *Catalán*: Ignasi; *vasco*: Iñaki; *gallego*: Ignacio. *Francés*: Ignace; *alemán*: Ignaz; *italiano*: Ignazio.

Femenino   Ignacia.

Diminutivos   Nacho.

Onomástica   31 de julio.

Origen y significado   Existen distintas teorías sobre el origen de este nombre: del latín *ignatius*, que procede de *igneus* ardiente, fogoso; o también de *gens*, nacido, hijo. Aunque parece ser que esto es una adaptación de un nombre anterior, que podría provenir del griego *enekoos*, que oye despierto.

Características   Persona sociable, activa y dinámica; es muy curiosa y le gusta hacer muchas cosas distintas. Su defecto es ser demasiado perfeccionista, de forma que rápidamente se cansa de lo que está haciendo ya que se exige demasiado a sí mismo.

Anécdota   San Ignacio de Loyola es el fundador de la orden de los jesuitas.

Personajes célebres   Ignasi Barraquer i Barraquer, oftalmólogo catalán; Ignacio Zuloaga, pintor vasco; Nacho Duato, bailarín y coreógrafo.

Inés

Otras lenguas   *Catalán*: Agnès; *vasco*: Añés; *gallego*: Inés, Einés. *Inglés*, *alemán*: Agnes; *francés*: Agnès; *italiano*: Agnese.

Onomástica   21 de enero.

Origen y significado   Del griego *agne*, pura casta.

Características   Es idealista y soñadora, amante de la libertad; muy hábil en todos los trabajos relacionados con la creatividad. Es elegante y seductora, además de ser inteligente, por lo que triunfará con facilidad, el único problema es su interés que cambia rápidamente, por lo que es poco perseverante.

Anécdota   Este nombre se confunde con el latín *agnus*, cordero, por lo que muchas veces se identifica con el cordero de Dios, símbolo de la pureza y la inocencia. Pero su origen es griego aunque el significado es muy similar.

Personajes célebres   Santa Inés sufrió martirio a los trece años por negarse a perder la virginidad; Inés de castro se casó en secreto con Pedro I, su suegro Alfonso IV la mandó matar, luego el hijo se vengó del padre y se sentó en el trono junto al cadáver de su esposa.

Ingrid

Variantes   Inga, Inger, Ingunna.

Onomástica   2 de septiembre.

Origen y significado   De la tribu germánica de los ingviones.

Características   Persona ambiciosa y enérgica, es muy activa e inteligente y desea triunfar; sus ansias de poder no le impiden ser generosa e interesarse por los problemas sociales y humanitarios. En el amor es apasionada y celosa

Anécdota   Es un nombre muy frecuente en los países escandinavos, así como todos los que proceden del mismo origen.

Personajes célebres   Ingrid Bergman, actriz sueca que se casó con el director italiano Roberto Rosellini.

Inmaculada

Otras lenguas *Catalán*: Immaculada; *vasco*: Sorkunde; *gallego*: Inmaculada.

Variantes Concepción.

Diminutivos Inma, Imma, Concha, Conchi.

Onomástica 8 de diciembre.

Origen y significado Del latín *inmacula*, sin mancha; hace referencia a la Inmaculada Concepción de María.

Características Persona muy emprendedora y activa, tiene dotes de mando. Puede parecer muy altiva y mostrarse intolerante e incluso despreciativa, pero es una actitud que pronto abandona.

Anécdota La Inmaculada Concepción fue proclamada dogma de fe en el siglo XI por el Papa Pío IX.

Personajes célebres Es un nombre típico español, por lo que es difícil encontrarlo en otros países; Concha Velasco, actriz y cantante de cine y teatro.

Íñigo

Otras lenguas *Catalán*: Ínyigo; *vasco*: Iñaki. *Inglés*: Inigo; *francés*: Ignace; *alemán*: Ignatius; *italiano*: Ígnigo, Ínnico.

Onomástica 1 de junio.

Origen y significado Variación de un antiguo nombre vasco: *Éneko*, cuyo origen puede ser la palabra *enko*, pendiente de una montaña.

Características Persona discreta y disciplinada, es muy decidido, por lo que suele conseguir todo lo que se propone. Es un buen trabajador y una persona sociable y tranquila, le gustan las reuniones íntimas para hablar con los amigos.

Anécdota   San Íñigo fue abad en un monasterio cercano a Burgos en el siglo XI. Resolvía los problemas con milagros. A su muerte fue llorado por católicos, judíos y musulmanes, porque era una persona muy preciada.

Personajes célebres   Íñigo López de Mendoza, marqués de Santillana, literato castellano.

Irene

Otras lenguas   *Catalán, gallego*: Irene; *vasco*: Ireñe. *Inglés, alemán, italiano*: Irene; *francés*: Irène; *ruso*: Irina.

Variantes   Ireneo.

Onomástica   5 de abril.

Origen y significado   Del griego *eiréne*, paz.

Características   Persona independiente y segura de sí misma, le gusta la soledad y la reflexión; piensa mucho las cosas antes de decidirse, y sabe escuchar muy bien.

Anécdota: Irene es la diosa de la paz en la mitología griega. Santa Irene era un hermosa joven portuguesa que se veía asediada por los hombres; según parece, algunos de esos hombres la mataron porque los había rechazado.

Personajes célebres   Irene Papas, actriz de películas como *Zorba el griego*.

Irma

Otras lenguas   *Catalán, gallego*: Irma.

Onomástica   9 de julio.

Origen y significado   Es una variante de Erminia; del germánico *Irmin*, totalidad.

Características   Es dinámica y activa, muy ordenada y práctica; sabe asumir sus responsabilidades. Ha nacido para la vida en familia y es cuando más disfruta; puede parecer muy tranquila y relajada, pero en el fondo tiene un temperamento nervioso y canaliza su energía con mucha actividad.

Anécdota   *Irmin* era un dios germánico, estaba representado por un inmenso árbol, que simbolizaba el mundo, llamado *Irminsul*, que Carlomagno abatió en el 722.

Personajes célebres+

Isaac

Otras lenguas   *Catalán, gallego*: Isaac; *vasco*: Isaka. *Inglés*: Isaac, Izaak; *francés*: Isaac; *alemán*: Isaak; *italiano*: Isacco.

Variantes   Isac, Isahac.

Onomástica   11 de abril.

Origen y significado   Del hebreo *izhac*, chico alegre, o también risa de Yavé.

Características   Persona reservada, puede llegar a parecer misteriosa, es muy introvertida y reflexiva. Le gusta la vida tranquila y conseguir realizar sus ambiciones, que pueden llegar a ocupar toda su vida.

Anécdota   Isaac es el hijo de Abraham, según parece su nombre son las palabras que pronunció su madre al alumbrarlo, como un imperativo para que se riera.

Personajes célebres   Isaac newton, físico inglés del siglo XVIII; Isaac Albéniz, músico y pianista catalán del siglo XIX; Isaac Asimov, escritor y divulgador científico.

Isabel

Otras lenguas   *Catalán*: Isabel; *gallego*: Isabela. *Inglés*: Isabel, Isobel; *francés*: Isabelle, Isabeau; *italiano*: Isabella.

Variantes   Isabela, Jezabel, Isabelina, Isabelino, Sabelio.

Diminutivos   Isa, Bela, Bel, Sabel, Sabela.

Onomástica   4 de julio.

Origen y significado   Nombre de origen babilónico, relacionado con el dios Baal o Bel, se puede traducir como Bel es salud; fue adoptado por el pueblo judío durante el período de esclavitud.

Características   Tiene un gran carisma, es ambiciosa y espera su momento para poder realizar su sueño; puede parecer altiva y lejana, si no consigue lo que desea se encierra en su mundo de fantasías.

Anécdota   Santa Isabel fue la madre de San Juan Bautista, que fue la primera en darse cuenta que el hijo que la Virgen María llevaba en su vientre era el hijo de Dios.

Personajes célebres   Varias reinas de Inglaterra, España y Portugal han llevado este nombre. También hay que destacar a la escritora chilena Isabel Allende; la actriz italiana Isabella Rosellini, hija de Ingrid Bergman; e Isabel Presley, personaje de la alta sociedad y las revistas del corazón.

Isidoro

Otras lenguas   *Catalán, vasco*: Isidor; *gallego*: Isidoro. *Inglés, francés*: Isidore; *alemán*: Isidor; *italiano*: Isidoro.

Variantes   Isidro.

Onomástica   26 de abril.

Origen y significado   Del griego *Isis doron*, don de Isis

Características   Persona responsable y organizada, sabe asumir su trabajo y sus deberes. Es muy sociable, aunque su naturaleza sea tranquila. Es aventurero y amante de cambios, por lo que le gusta disfrutar de las actividades al aire libre y de los deportes.

Anécdota   Isis es una diosa egipcia, cuyo culto se extendió en Grecia.

Personajes célebres   Isidoro de Sevilla, sabio y doctor de la Iglesia en el siglo VII.

Iván

Otras lenguas   *Catalán*: Ivan; *gallego*: Iván.

Onomástica   24 de junio.

Origen y significado   Forma rusa y búlgara de Juan, se une con la tradición germánica del nombre Ibán, de *iv*, glorioso.

Características   Persona dinámica y muy activa, le gustan los cambios y sabe adaptarse a las nuevas circunstancias. Puede ser muy autoritario si no consigue aprender a escuchar a los que le rodean.

Anécdota   Es un nombre muy común en Rusia, y lo han llevado varios nobles y zares rusos. Su uso se ha extendido a otros países, donde ahora también empieza a ser frecuente.

Ivo

Otras lenguas   *Catalán*: Ïu; *vasco*: Ibon. *Inglés, alemán*: Ivo; *francés*: Yves/ Yvonne; *italiano*: Ivo/Ivone.

Variantes   Ives, Ivón, Ivona, Ivette, Ivonne.

Onomástica   21 de noviembre.

Origen y significado   De origen germánico de Ibán, a partir de la raíz *iv*, glorioso.

Características   Persona emotiva y sentimental, posee una gran imaginación y con facilidad se aísla en un mundo de fantasía cuando se siente herida. Muy dotado para los trabajos creativos y artísticos, donde puede destacar con facilidad.

Anécdota   San Ivón fue un juez eclesiástico en el siglo XIV; es el patrono de los notarios y los abogados.

Personajes célebres   Ïu Pascual i Rodés, pintor catalán de principios del siglo XX; Yves Saint Laurent, destacado modista y diseñador que ha conseguido ser una de las marcas más elegantes del mundo de la moda; Yves Montand, cantante y actor cinematográfico francés.

Jacinto

Otras lenguas   *Catalán*: Jacint; *vasco*: Gaxinta; *gallego*: Xacinto. *Inglés*: Hyacinth; *francés*: Hyacinthe, Jacinte; *alemán*: Hyazinth; *italiano*: Giacinto.

Femenino   Jacinta.

Diminutivos   Cinto, Sinty, Cinthia.

Onomástica   17 de agosto.

Origen y significado   Del griego *hyacinthos*, flor que lleva este nombre.

Características   Persona franca y generosa, está siempre dispuesto a participar y cooperar, es muy comunicativo y le encanta compartir sus cosas y su tiempo con sus personas queridas.

Anécdota   Jacinto es el nombre de un efebo griego que fue amado por el dios Apolo, al morir se convirtió en una flor que recibió el mismo nombre.

Personajes célebres   Jacint Verdaguer (Mossèn Cinto), poeta y religioso catalán; Jacinto Benavente, dramaturgo castellano.

Jacob

Otras lenguas   *Catalán*: Jacob; *vasco*: Yakue, Jagob; *gallego*: Xacobo, Xacobe. *Inglés, francés*: Jacob; *alemán*: Jakob; *italiano*: Giacobbe.

Variantes   Jacobo, Jacoberto, Yago, Santiago, Jaime.

Diminutivos   Diego, Yago.

Onomástica   3 de mayo.

Origen y significado   Del hebreo *yah-aqob*, la primera parte es uno de los nombres de Dios y la segunda tiene varias interpretaciones, entre ellas *ageb*, talón, haciendo referencia al episodio del nacimiento explicado en la Biblia. Otra interpretación es *yahacob*, el suplantador, por el personaje que tomará la primogenitura de su hermano.

Características   Persona seria y responsable, sabe desempeñar su trabajo y tiene capacidad para mandar y organizar. Le gusta la vida en familia y la tranquilidad.

Anécdota   Jacob es uno de los personajes más destacados de la Biblia, al nacer su mano estaba sujetando el tobillo de su hermano gemelo, Esaú, de ahí que su nombre haga referencia a este episodio. La otra anécdota que se explica es que su hermano, que nació primero, le vendió sus derechos de primogenitura a cambio de un plato de lentejas, pero después se negó a cumplir lo acordado, por lo que Jacob se disfrazó de su hermano para conseguir la herencia de su padre, de ahí la otra posible explicación de su nombre.

Personajes célebres   Iacopo Robusti (il Tintoretto), pintor italiano del Renacimiento; Jacob Grimm, escritor alemán de famosos cuentos infantiles.

Jaime

Otras lenguas *Catalán*: Jaume; *vasco*: Jakes; *gallego*: Xaime/Xaquelina. *Inglés*: James; *francés*: Jacques/Jacqueline; *alemán*: Jakob; *italiano*: Giàcomo.

Variantes Jácome, forma antigua, Jaimita.

Diminutivos Jimmy, Jim, Jack.

Onomástica 25 de julio.

Origen y significado Derivación de Jacob, muy popular.

Características Persona inteligente y metódica, tiene una gran facilidad para asimilar ideas y organizarlas rápidamente. Es muy elegante y le gusta cuidar su aspecto físico.

Anécdota Este nombre se ha vuelto muy popular, tanto que en Francia *Jacques* se usa para designar a una persona corriente y las *jacqueries* eran las revueltas de los paisanos.

Personajes célebres Varios condes de Barcelona llevaron este nombre, como Jaume I, *el conqueridor*; James Cook, navegante y explorador inglés del siglo XVIII; Jimmy Carter, presidente de los Estados Unidos.

Javier

Otras lenguas *Catalán*: Xavier; *vasco, gallego*: Xabier. *Inglés*: Xaxier; *francés*: Xavier; *alemán*: Xaver; *italiano*: Saverio.

Diminutivos Javi, Xavi, Savy.

Onomástica 3 de diciembre.

Origen y significado Del vasco *etxe-berri*, casa nueva.

Características Prudente y desconfiado tiende con facilidad al pesimismo; no le importa luchar para conseguir lo que quiere, y es responsable y persistente. Su ánimo tiende al romanticismo y a la añoranza de tiempos mejores.

Anécdota   San Francisco Javier era de origen vasco y fue a las Indias como jesuita.

Personajes célebres   Xavier Rubert de Ventós, filósofo y político catalán; Xavier Mariscal, dibujante y diseñador; Xabier Arzallus, político vasco.

Jerónimo

Otras lenguas   *Catalán*: Jerònim, Jeroni; *vasco*: Jerolin; *gallego*: Xerome, Xerónimo. *Inglés*, *alemán*: Hieronymus; *francés*: Jerôme; *italiano*: Girolamo.

Variantes   Gerónimo, Hierónimo.

Onomástica   30 de septiembre.

Origen y significado   Del griego *hieronimus*, nombre santo.

Características   Es muy abierto y comunicativo, comprensivo y seductor Puede destacar con facilidad en cualquier labor relacionada con la comunicación y la creatividad; también es paciente, trabajador y tenaz.

Anécdota   San Jerónimo fue ermitaño primero, y luego fue secretario del Papa Dámaso, que le confío la traducción de la Biblia al latín, lo cual realizó con gran éxito, creando la versión conocida como la Vulgata.

Personajes célebres   Géronimo, jefe indio que organizó una resistencia contra los americanos blancos; Jerónimo Bosch (*el Bosco*), pintor holandés del siglo XV.

Jesús

Otras lenguas   *Catalán*: Jesús; *vasco*: Josu, Yosu; *gallego*: Xesús. *Inglés*: Jesus; *francés*: Jésus; *italiano*: Gesú, *árabe*: Aissa.

Femenino   Jesusa.

Diminutivos   Chus, Suso.

Onomástica   1 de enero.

Origen y significado   Del hebreo *yehoshúah*, Yavé salva.

Características   Persona inteligente e inquieta sabe sacar provecho de sus experiencias y aprende rápidamente; es muy curioso y le interesan los cambios y las aventuras. Valora mucho su libertad e independencia.

Anécdota   Jesús es el fundador del Cristianismo, en un inicio era un nombre poco común porque su uso se consideraba irreverente, pero desde hace tiempo es muy frecuente en lengua española, tanto en España como en Hipanoamérica.

Personajes célebres   Jesús Hermida, presentador y locutor de radio; Jesús Gil y Gil, alcalde de Marbella.

Joaquín

Otras lenguas   *Catalán*: Joaquim; *gallego*: Xaquín, Xoaquín. *Inglés, francés, alemán*: Joachim; *italiano*: Gioachimo; *ruso*: Akim.

Femenino   Joaquina.

Diminutivos   Quim, Chimo.

Onomástica   26 de julio.

Origen y significado   Del hebreo *yehoyaqim*, Yavé construirá.

Características   Sociable y extrovertido, disfruta en las reuniones y eventos sociales. Es muy entusiasta y pone toda su energía en algo que le guste o le interese.

Anécdota   Es el nombre del padre de la Virgen María, fue muy poco utilizado hasta el siglo XIV, pero a partir de entonces se ha convertido en un nombre muy común.

Personajes célebres   Gioachino Rossini, compositor italiano del siglo XIX; Joaquim Sorolla, pintor valenciano; Quim Monzó, escritor catalán; Quino, dibujante y humorista, creador del personaje de Mafalda.

Jordán

Otras lenguas   *Catalán*: Jordà/Jordana; *vasco*: Yordana. *Inglés, francés, alemán*: Jordan; *italiano*: Giordanao.

Femenino   Jordana.

Onomástica   13 de febrero.

Origen y significado   De origen hebreo, significa el que baja, y hace referencia al río Jordán de la Tierra Prometida.

Características   Es muy nervioso y activo, necesita sentirse ocupado todo el tiempo, y le cuesta mucho relajarse y sentirse cómodo. Consigue estar a gusto en las reuniones más íntimas con sus amigos cercanos, en su trabajo es apasionado y eficiente.

Anécdota   Es un nombre cristiano en honor al río en que fue bautizado Jesús, también era uno de los límites que marcaban la frontera de la Tierra Prometida.

Personajes célebres   Giordano Bruno, filósofo y religioso italiano que fue ajusticiado en la hoguera por sus teorías astronómicas.

Jorge/Georgia

Otras lenguas   *Catalán*: Jordi; *vasco*: Gorka; *gallego*: Xurxo, Xorxe. *Inglés*: George; *francés*: Georges; *alemán*: Georg, Jörg, Jürgen; *italiano*: Giorgio; *ruso*: Yuri.

Variantes   Georgina, Jordina.

Onomástica   23 de abril.

Origen y significado   Del griego *Georgos, ge-ergon*, el que trabaja la tierra.

Características   Es encantador, simpático y extrovertido, la persona ideal para una fiesta o reunión social; puede parecer demasiado superficial, porque es muy difícil conocerlo a fondo. Destacará en cualquier trabajo relacionado con la comunicación o la expresión.

Anécdota   San Jorge es patrón de diversos lugares como Cataluña, Inglaterra, Irlanda, Aragón o Portugal, debido a su hermosa leyenda en la que mata un dragón para liberar a una doncella. En España el día de San Jorge es celebrado como el día del libro para conmemorar la muerte de Cervantes; es costumbre en este día regalar un libro a las personas queridas.

Personajes célebres   Jorge Luis Borges, escritor argentino; George Gordon (Lord Byron) poeta romántico inglés; George Washington, presidente de los Estados Unidos.

José

Otras lenguas   *Catalán*: Josep; *vasco*: Yoseba, Joxe; *gallego*: Xosé. *Inglés, francés*: Joseph; *alemán*: Josef; *italiano*: Guiseppe; *árabe*: Yusuf.

Variantes   Josefo, Josef, Josefina, Josefa, Fina.
Diminutivos   Pepe, Pepo, Chema, Pep, Joe, Peppino, Geppetto.

Onomástica   19 de marzo.

Origen y significado   Del hebreo *Josef*, significa Dios da.

Características   Es un trabajador metódico y ordenado, muy responsable y eficaz. En su vida social es encantador y muy alegre, y le gusta disfrutar de las reuniones de amigos; estas dos facetas se pueden encontrar enfrentadas y crearle algunos problemas de rendimiento laboral, pero generalmente sabrá equilibrarlas y compensarlas.

Anécdota   El nombre procede del episodio bíblico en que Raquel, la esposa de Jacob, exclama «auméntame la familia» al alumbrar a José, su undécimo hijo, tras un largo período de esterilidad. Pero es más conocido

San José, el esposo de María y padre legal de Jesús, en honor al cual se celebra el día del padre.

Personajes célebres José Ortega y Gasset, filósofo castellano; José de San Martín, líder en la independencia sudamericana; José Maria Eça de Queiroz, escritor portugués; Josep Carreras, tenor catalán.

Juan/Juana

Otras lenguas *Catalán*: Joan; *vasco*: Ganix, Jon, Ion; *gallego*: Xan, Xoán. *Inglés*: John; *francés*: Jean; *alemán*: Johann, Hohannes; *italiano*: Giovanni, Gianni; *portugués*: Joâo; *ruso*: Ivan; *checo*: Jan; *rumano*: Jon; *galés*: Evan; *irlandés*: Sean.

Variantes Iván, Jan.

Diminutivos Juanito, Jan, Jack, Hans.

Onomástica 24 de junio.

Origen y significado Del hebreo *yohannan*, Dios es propicio.

Características Es una persona tranquila y conciliadora, no le gustan los conflictos y es un gran negociador. En el fondo es un idealista, al que le gusta la comodidad y la vida relajada.

Anécdota El día de San Juan es generalmente un motivo de celebración y alegría en toda Europa, coincide con la celebración del solsticio de verano. Se suele celebrar con fiestas muy alegres, que duran toda la noche, la más corta del año.

Personajes célebres San Juan Bautista, difusor del cristianismo; Juan Carlos I, rey de España; Jean-Jacques Rousseau, filósofo francés; Joan Miró, pintor catalán; Juana de Arco, heroína francesa.

Judit

Otras lenguas *Inglés, francés*: Judith; *alemán*: Juditha; *italiano*: Giuditta.

Variantes   Judith, Judita.

Diminutivos   Judy.

Onomástica   7 de septiembre.

Origen y significado   Del hebreo *Iehuda*, judá o la judía.

Características   Es muy extrovertida y simpática, triunfa con facilidad en las reuniones sociales. A pesar de parecer frívola, en el fondo es muy responsable y trabajadora, sabe diferenciar muy bien entre la diversión y el deber.

Anécdota   Es un personaje bíblico, Judit consiguió liberar a su padre del sitio de Holofernes cortándole la cabeza a este último.

Personajes célebres   Hay una Santa Judit que fue ermitaña en el siglo XII; Yehudi Menuhin, violinista estadounidense; Judit Mascó, modelo catalana.

Julián

Otras lenguas   *Catalán*: Julià.

Variantes   Juliano, Juliana.

Onomástica   8 de marzo.

Origen y significado   Del latín *Iulianus*, gentilicio de Julio.

Características   Persona servicial y agradable, le encanta complacer a los demás y siempre es una fuente de armonía; destaca en las labores de negociación y en los trabajos que requieren un tacto especial. También es una persona práctica ordenada y activa.

Anécdota   San Julián de Burgos fue obispo de Cuenca y realizaba milagros desde pequeño. A su muerte, la Virgen estuvo a su lado para aliviarle el dolor.

Personajes célebres Juliano el Apóstata, emperador romano del siglo IV; Julien Green, escritor norteamericano, que escribía en francés.

Julio/Julia

Otras lenguas *Catalán*: Juli; *vasco*: Yuli; *gallego*: Xulio. *Inglés, alemán*: Julius; *francés*: Jules; *italiano*: Guilio.

Variantes Julieta, Julita.

Onomástica Julia 10 de diciembre, Julio 12 de abril.

Origen y significado Del latín *Iulius*, mítico hijo de Eneas.

Características Persona ordenada y metódica; es muy responsable y organizado, con un gran sentido práctico. Es muy tranquilo y disfruta de la vida familiar.

Anécdota Era un nombre muy antiguo y común en Roma. La familia Julia se consideraba descendiente directa de Eneas, fundador de la colonia griega en Italia. El más célebre portador fue Julio César, en honor al cual el mes de julio lleva ese nombre.

Personajes célebres Julio Cortázar, escritor argentino; Julius (Groucho) Marx, actor cómico norteamericano; Julio Caro Baroja, etnólogo y sociólogo castellano; Guilietta Massina, actriz italiana.

Laura

Otras lenguas *Catalán, vasco, gallego*: Laura. *Inglés*: Laura; *francés*: Laure; *alemán*: Lauryn; *italiano*: Laura.

Variantes   Laurencia, Laurencio, Laureano, Lauro.

Diminutivos   Loretta, Lolly.

Onomástica   20 de octubre.

Origen y significado   Del latín *laurus*, laurel, laureado, victorioso.

Características   Persona enérgica y autoritaria, tiene una capacidad innata para dirigir y mandar; es muy eficiente en todo lo que hace. Le gusta sentirse admirada, es elegante y coqueta.

Anécdota   Laura es el nombre de la dama a la cual Petrarca dedicó varias de sus canciones y poemas, los estudiosos todavía no están de acuerdo sobre su identidad.

Personajes célebres   Laura Antonelli, actriz italiana; Laura del Sol, bailarina española; Laura Valenzuela, presentadora de televisión; Lauren Bacall, actriz norteamericana.

Lázaro

Otras lenguas   *Catalán*: Llàtzer; *vasco*: Elazar. *Inglés*, *alemán*: Lazarus; *francés*: Lazare; *italiano*: Lazzaro.

Onomástica   25 de febrero.

Origen y significado   Es una latinización del nombre bíblico *Eleazar*, de *el'azar*, Dios ayuda.

Características   Persona apasionada que disfruta con lo que hace, esto lo convierte en un gran trabajador y amigo, con el defecto de tener demasiado temperamento.

Anécdota   Lázaro es el protagonista del episodio del nuevo Testamento; en que Jesús le devuelve la vida con la frase «levántate y anda».

Personajes célebres   Laszlo Kubala, jugador de fútbol; Lázaro Cárdenas, fue presidente de México de 1934 a 1940.

León

Otras lenguas   *Catalán*: Lleó; *gallego*: León. *Inglés, alemán*: Leo; *francés*: Léon; *italiano*: Leone; *ruso*: Lev.

Variantes   Leonardo, Leoncio, Leonel, Leónidas, Leonilo, Leonor.

Diminutivos   Leo.

Onomástica   30 de junio.

Origen y significado   Del griego *léon*, hace referencia a la bravura de este animal.

Características   Posee un sentido especial para los negocios, donde siempre aprovechas las buenas oportunidades; es muy emotivo y sensible y necesita saber que es querido.

Anécdota   Numerosos pontífices llevaron este nombre.como san León el Grande que fue el Papa que impidió que Atila penetrara en Roma, también luchó por limpiar las escrituras de herejías.

Personajes célebres   Lev Tolstoi, escritor ruso; Leo Delibes fue un compositor de ballets y óperas cómicas.

Leonardo

Otras lenguas   *Catalán*: Lleonard; *vasco*: Lonarta; *gallego*: Leonardo. *Inglés*: Leonard; *francés*: Léonard; *alemán*: Leonhard; *italiano*: Leonardo.

Diminutivos   Leo, Len, Lennie.

Onomástica   6 de noviembre.

Origen y significado   Germanización del nombre León, añadiéndole el sufijo –*hard*, fuerte.

Características   Persona inteligente, posee una enorme paciencia, ya que sabe esperar el momento oportuno y aprovecharlo. Es un gran trabajador, metódico, tranquilo y ordenado. Tiene una gran necesidad de paz y tranquilidad, en especial en lo emocional,

Anécdota   El más célebre de la historia es sin duda Leonardo da Vinci, persona que representa como nadie la genialidad y la polivalencia del hombre humanista. Además de cultivar la pintura, el dibujo y la escultura, fue un gran científico interesado en diversos temas como la aeronáutica, la anatomía y la medicina, la física y la mecánica.

Personajes célebres   Leonard Bernstein, compositor y director de orquesta estadounidense; Leonardo Sciascia, escritor italiano.

Leopoldo

Otras lenguas   *Catalán*: Leopold; *vasco*: Lopoldo; *gallego*: Leopoldo. *Inglés, alemán*: Leopold; *francés*: Léopold; *italiano*: Leopoldo.

Variantes   Leobaldo, Leodobaldo.

Diminutivos   Leo.

Onomástica   15 de noviembre.

Origen y significado   Del germánico *leud-bald*, pueblo audaz.

Características   Persona combativa y enérgica, es muy ambiciosa y obstinada. Ansía tener poder y dinero, pero es paciente para esperar su oportunidad, es trabajador y responsable. En el teereno sentimental es apasionado, celoso y posesivo.

Anécdota   San Leopoldo es el patrón de Austria, tuvo dieciocho hijos y ayudó a los desfavorecidos, tanto que recibió el sobrenombre de padre de los pobres. Murió en 1136.

Personajes célebres   Leopoldo Calvo Sotelo, político español; Leopoldo Alas (Clarín), escritor asturiano; Leopoldo O'Donell, militar castellano de origen irlandés.

Leticia

Otras lenguas   *Catalán:* Letícia; *gallego*: Leticia.

Diminutivos   Leti.

Onomástica   18 de agosto.

Origen y significado   Del latín *laetitia*, fecundidad, opulencia, alegría.

Características   Persona alegre y encantadora, seduce sin darse cuenta. Es muy imaginativa y creativa, por lo que puede triunfar en estos trabajos.

Anécdota   Este nombre proviene de la Virgen de la Alegría, es uno de los nombres que se recuperaron directamente del latín durante el Renacimiento.

Personajes célebres   María Leticia Ramolino, fue la madre de Napoleón.

Lidia

Otras lenguas   *Catalán*: Lídia; *gallego*: Lidia.

Variantes   Lydia, Lida.

Onomástica   3 de agosto.

Origen y significado   Del griego *Lydía*, de la *Lyd*, antiguo nombre de la comarca de Lidia de Asia Menor.

Características   Es autoritaria y egocéntrica, lucha por mantener su independencia, pero en el fondo es más insegura de lo que quiere reconocer.

Anécdota   Santa Lidia era una comerciante de Asia Menor, que dedicaba la mitad de su tiempo a tejer y la otra mitad a escuchar a los apóstoles, de los que tuvo noticia hospedando en su casa a San Pablo.

Personajes célebres   Lidia Falcón, periodista española.

Linda

Onomástica   28 de agosto.

Origen y significado   Del germánico *lind*, dulce.

Características   Su carácter es amable y conciliador; es extrovertida y simpática y disfruta en las reuniones sociales. Su objetivo en la vida es ayudar a los demás, por lo que es muy generosa y buena amiga.

Anécdota   En este nombre se unen varias tradiciones distintas, además de dulce también significa suave, flexible y, en relación con estos atributos adquiere el significado de serpiente, teniendo en cuenta que en las culturas germánicas, este animal no tenía un significado negativo. Se usa también como sufijo para formar el femenino de otros nombres como Belinda, Regulinda, etc. Y en castellano se le da un significado de bella, como un derivado de la palabra latina *legitimus*, completo, perfecto.

Personajes célebres   Linda Evans, actriz norteamericana.

Lorenzo

Otras lenguas   *Catalán*: Llorenç; *vasco*: Llorentz; *gallego*: Lorenzo. *Inglés*: Lawrence; *francés*: Laurence; *alemán*: Lorentz; *italiano*: Lorenzo.

Variantes   Laurencio, Lorenza.

Diminutivos   Larry, Enzo.

Onomástica   10 de agosto.

Origen y significado   Derivación de Laurencio, victorioso.

Características   Persona estricta y autoritaria, que a pesar de su aspecto de fiereza en el fondo es sensible y emotivo; es muy fácil llegar a su punto vulnerable y ver su lado más generoso y entrañable.

Anécdota   San Lorenzo fue diácono de la Iglesia Romana, era el responsable de los pobres y fue quemado vivo por negarse a entregar el dinero que le habían confiado. Felipe II construyó el monasterio de El Escorial en su honor. Es el patrono de los bibliotecarios, planchadoras, cocineros y de los pobres.

Personajes célebres   Lawrence de Arabia, militar y explorador inglés que participó en la lucha por la independencia de Arabia; Lorenzo de Medici, político y mecenas del Renacimiento italiano; Lawrence Olivier, actor inglés de cine y teatro que destacó en sus interpretaciones de Shakespeare.

Lourdes

Otras lenguas   *Catalán*: Lourdes, Lorda; *vasco*: Lorda.

Variantes   Lurdes.

Onomástica   11 de febrero.

Origen y significado   Del francés *Lorde*, topónimo que significa altura prolongada en pendiente.

Características   Persona enérgica y dinámica, es bastante ambiciosa y desea conseguir un cierto status social. Es una buena amiga y disfruta con las actividades al aire libre y el deporte.

Anécdota   Este nombre hace referencia a las apariciones de la Virgen a la joven vidente Bernardette Soubirous, que ocurrieron en 1858, en el lugar con el mismo nombre.

Lucas

Otras lenguas   *Catalán*: Lluc; *vasco*: Luca, Luk; *gallego*: Lucas. *Inglés*: Luke; *francés*: Luc; *alemán*: Lukas; *italiano*: Luca.

Variantes   Lucano, Luciano, Luciana.

Onomástica   18 de octubre.

Origen y significado   Del griego *Loukas*.

Características   Persona muy idealista, siempre tiene grandes sueños y proyectos, en la práctica es ordenado y metódico y posee mucha constancia.

Anécdota   El uso de este nombre se ha generalizado a partir del cristianismo debido a que uno de los apóstoles lo llevaba; San Lucas escribió el tercer evangelio y *Los hechos de los apóstoles*.

Personajes célebres   Luca della Robbia, escultor italiano del Renacimiento; Lukas Cranach, pintor alemán.

Lucía

Otras lenguas   *Catalán*: Llúcia, Lluça; *vasco*: Luce; *gallego*: Lucía. *Inglés, francés*: Luce; *alemán, italiano*: Lucia.

Variantes   Lucelia, Luciana, Lucinda, Lucila, Lucina, Luciniano, Lucio, Luciano.

Diminutivos   Lucy.

Onomástica   13 de diciembre.

Origen y significado   Del latín *Lucius*, de *lux*, luz; es una abreviatura *de prima luce natus*, nacido con la primera luz del día.

Características   Es una persona idealista y soñadora, es muy vulnerable y necesita sentirse protegida. Es bastante dependiente de su ambiente y de sus personas queridas.

Anécdota   Santa Lucía fue una mártir siciliana a la que torturaron arrancándole los ojos, por eso es la patrona de los ciegos y la mediadora en las enfermedades de la vista.

Personajes célebres   Lucio Anneo Séneca, escritor latino; Lucio Vicente López, escritor argentino; Lucille Ball, actriz de cine estadounidense.

Lucrecio/Lucrecia

Otras lenguas   *Catalán*: Lucreci.

Onomástica   23 de noviembre.

Origen y significado   Del latín *lucro*, ganar y, por extensión, el que está ganando, el que tiene ventaja.

Características   Es una persona contradictoria, se encuentra dividida entre un deseo de independencia y una pasividad que le hace ser dependiente Debe encontrar el equilibrio para sentirse a gusto.

Personajes célebres   Lucrecia Borgia, hija de una poderosa familia, su belleza es legendaria; Lucrecio, escritor latino.

Luis/Luisa

Otras lenguas   *Catalán*: Lluís; *vasco*: Aloxi, Koldobika, Luki; *gallego*: Loís, Luís. *Inglés*: Lewis; *francés*: Louis; *alemán*: Ludwig; *italiano*: Luigi; *portugués*: Luiz; *eslavo*: Ludwick.

Diminutivos   Lucho, Luiso, Lilí.

Onomástica   21 de junio.

Origen y significado   Se unen en este nombre diversas tradiciones: por un lado es una evolución de nombres como Ludovico o Clodivicus; y también evoluciona de nombres como Eloísa, Eloy o Lisa.

Características   Persona muy dinámica y activa; es muy curioso y le gustan los cambios y novedades. Su falta de paciencia y su testarudez, puede hacer que a veces sea difícil tratarle o discutir con él.

Anécdota   Varios reyes franceses han llevado este nombre; uno de ellos incluso llegó a ser santo por realizar una cruzada en el siglo XIII, por eso a los franceses también se les llama «hijos de San Luis».

Personajes célebres Lewis Carrol, autor del famoso cuento *Alicia en el país de las maravillas*; Ludwig Van Beethoven, pianista y compositor alemán que marca el inicio de la música moderna; Luis de Góngora, poeta castellano del siglo XVII.

Magdalena

Otras lenguas *Catalán*: Magdalena; *vasco*: Matale, Malen; *gallego*: Madalena. *Inglés*: Madeline, Magdalen; *francés*: Madeleine; *alemán*: Magdalena; *italiano*: Maddalena.

Diminutivos Magda; Lena, Malena.

Onomástica 22 de julio.

Origen y significado Del hebreo, es el gentilicio de la ciudad de Magdala, en Galilea.

Características Es bastante ambiciosa y testaruda. Cuando descubre lo que quiere, no para hasta conseguirlo y nadie se lo puede impedir. También es enérgica, franca y directa; tiene un carácter muy fuerte, aunque cuando lo desea puede ser tierna y cariñosa.

Anécdota *La Madelon* es el nombre de una popular canción francesa durante la I Guerra Mundial; también hay un tango que se llama *Malena*.

Personajes célebres Este nombre se aplicó a María, el personaje del Nuevo Testamento que ante Jesús se arrepiente de sus pecados y de su vida anterior. Hoy en día este nombre es sinónimo de mujer arrepentida o de mujer llorosa.

Manuel

Otras lenguas   *Catalán*: Manel; *vasco*: Imanol, Manu; *gallego*: Manuel. *Inglés, francés*: Manuel; *alemán*: Mannel; *italiano*: Emanuele.

Variantes   Manuela, Emanuel.

Diminutivos   Manolo, Manu, Emma.

Onomástica   22 de enero.

Origen y significado   Abreviación del nombre bíblico Emmanuel.

Características   Persona independiente y segura, original y creativo, le gusta disfrutar de todo lo que hace, por eso le interesa un trabajo que le llene y le guste.

Anécdota   Emanuel significa «Dios está con nosotros», y se refiere a un pasaje de la Biblia donde hay una premonición del Mesías.

Personajes célebres   Immanuel Kant, filósofo alemán del siglo XVIII; Manuel de Falla músico y compositor andaluz; Manuel de Pedrolo, escritor catalán.

Marcelo

Otras lenguas   *Catalán*: Marcel; *vasco*: Markel, Martzel; *gallego*: Marcelo. *Italiano*: Marcello.

Variantes   Marcelio, Marcelino, Marcela.

Onomástica   16 de enero.

Origen y significado   Del latín *Marcellus*, diminutivo de Marcos.

Características   Persona responsable y detallista, disfruta con el trabajo bien hecho. Le gusta trabajar en equipo y reunirse con sus amigos. Es paciente y metódico.

Anécdota   San Marcelo fue un Papa que ocupó ese cargo durante seis meses, luego, en el año 309, fue condenado a cuidar de las cuadras.

Personajes célebres   Marcel Proust, novelista francés; Marcel Duchamp, pintor francés; Marcello Mastroianni, actor italiano.

Marcos

Otras lenguas   *Catalán*: Marc; *vasco*: Marka; *gallego*: Marcos. *Inglés*: Marcus, Mark; *francés*: Marc; *alemán*: Mark; *italiano*: Marco.

Variantes   Marco.

Onomástica   25 de abril.

Origen y significado   Del latín *Marcus*, derivado del dios de la guerra Marte.

Características   Fuerte y dinámico, es bastante reservado e independiente. Le gusta disfrutar de bienes materiales y seguridad económica, pero eso no le impide ser generoso y altruista. En el amor es apasionado y posesivo.

Anécdota   San Marcos es uno de los evangelistas, discípulo de san Pedro, es también el patrón de la ciudad de Venecia.

Personajes célebres   Marco Aurelio, emperador romano del siglo II; Marco Polo, explorador italiano que en sus viajes llegó hasta el lejano oriente; Mark Twain, escritor estadounidense autor de la célebre novela *Tom Sawyer*.

Margarita

Otras lenguas   *Catalán, gallego*: Margarida; *vasco*: Margarite. *Inglés*: Margaret, Marjorie; *francés*: Marguerite; *alemán*: Margereta; *italiano*: Margherita; *sueco*: Greta.

Diminutivos   Marga, Margot, Magalí, Greta, Grete, Rita, Meg, Peggy.

Onomástica 16 de noviembre.

Origen y significado Del latín *margarita*, perla.

Características Es muy dinámica e independiente, necesita vivir la vida a su aire, sin ningún modelo establecido. Es trabajadora e inteligente y destaca en los trabajos creativos.

Anécdota Santa margarita de Antioquía consiguió salir del dragón que se la había tragado y matarlo estrangulándolo con su cinturón. Su cuerpo fue traído a Europa por los cruzados.

Personajes célebres Marguerite Duras y Marguerite Youcenar, ambas escritoras francesas; Greta Garbo, actriz de cine sueca; Rita Hayworth, actriz norteamericana; Margot Fonteyn, bailarina inglesa; Margaret Tatcher, política inglesa.

María

Otras lenguas *Catalán*: Maria; *vasco*: Mari, Miren; *gallego*: María. *Inglés*: Mary; *francés*: Marie; *alemán*, *italiano*: Maria.

Variantes Míriam, Marina, Marica, Mireya, Mariona.

Diminutivos Mari.

Onomástica 15 de agosto.

Origen y significado Variante del nombre hebreo *Miryam*, cuyo origen no está claro; una interpretación posible es que fuera tomado del egipcio, *mrym* «amada de Amón», o sea de Dios.

Características Se encuentra dividida entre un gran dinamismo y actividad y una necesidad de introspección y de análisis de su vida interior. Según el momento o estado de ánimo dominará una tendencia u otra.

Anécdota Este nombre aparece por primera vez en la Vulgata, refiriéndose a la madre de Jesús. Su usó no era común hasta bien entrada la Edad Media, porque se consideraba una falta de respeto.

Personajes célebres   Maria Callas, soprano griega; Marie Curie, física polaco-francesa; Maria Montessori, pedagoga italiana; Maria Aurelia Capmany, escritora catalana.

Mariano

Otras lenguas   *Catalán*: Marià; *gallego*: Mariano.

Onomástica   19 de agosto.

Origen y significado   Del latín *Marianus*, gentilicio de Mario.

Características   Es disciplinado, autoritario y ambicioso, por lo que está dotado para trabajos de equipo y para dirigir. A pesar de su egocentrismo, es generoso y altruista y siempre intenta colaborar en las cuestiones sociales. Es muy exigente a la hora de elegir compañera sentimental, pero luego es muy familiar.

Anécdota   La forma Mariana no debe ser tomada como el femenino de este nombre ya que se trata de una evolución del nombre compuesto María y Ana.

Personajes célebres   Mariano Álvarez de Castro, militar castellano; Mariano José de Larra, escritor castellano; Marià Fortuny, dibujante y pintor catalán.

Marino/Marina

Otras lenguas   *Catalán*: Marí; *vasco*: Maren; *gallego*: Mariño. *Inglés, alemán*: Marina; *francés*: Marin; *italiano*: Marino.

Variantes   Marín.

Onomástica   Marina 18 de junio, Marino 26 de diciembre.

Origen y significado   Del latín *marinus*, del mar, marinero. El femenino es una variante de María.

Características   Su carácter está dividido entre un deseo de independencia y una gran pasividad que lo hace muy dependiente. Son personas muy creativas y trabajadoras.

Anécdota   San Marino es también el nombre de una pequeña república europea.

Personajes célebres   San Marino fue un cantero que murió en el siglo IV; Santa Marina de Spoleto ingresó en un convento, y durante treinta años se dedicó a la vida contemplativa.

Mario

Otras lenguas   *Catalán*: Màrius; *gallego*: Mario. *Inglés*, *francés*: Marius; *italiano*: Mario.

Onomástica   19 de enero.

Origen y significado   A pesar de la similitud no se trata del masculino de María, ya que es un nombre de origen latino, anterior al cristianismo. Es una derivación de Marte, el dios de la guerra.

Características   Persona muy dinámica que necesita estar en movimiento y tener muchos cambios, aunque también puede ser reflexivo y moderado. Esta combinación hace que sus reacciones sean imprevisibles y que siempre consiga sorprender a los que le rodean.

Anécdota   San Mario fue un persa que peregrinó hasta Roma junto con su familia en el siglo III, y todos recibieron martirio por ser cristianos.

Personajes célebres   Mario Vargas Llosa, escritor peruano; Mario Benedetti, escritor uruguayo; Mario Moreno (Cantinflas), actor mexicano.

Marta

Otras lenguas   *Catalán*, *gallego*: Marta; *vasco*: Marte. *Inglés*: Martha; *francés*: Marthe; *alemán*: Martha; *italiano*: Marta.

Diminutivos Patty en inglés, Marfa en ruso.

Onomástica 29 de julio.

Origen y significado Se cree que es de origen arameo, el femenino de *mar*, señor.

Características Es muy práctica y dinámica, para ella es muy importante la realización personal y profesional, a la que dedica todas sus energías. Por ello no deja de ser una persona muy sensible y emotiva.

Anécdota Es un personaje del Nuevo Testamento que invitó a Jesús a almorzar a su casa, por eso Santa Marta ha quedado como la patrona de las amas de casa, las cocineras, taberneros y hosteleros.

Personajes célebres Martha Graham, bailarina estadounidense.

Martín/Martina

Otras lenguas *Catalán*: Martí; *vasco*: Matin, Martin, Maxin; *gallego*: Martiño. *Inglés, francés, alemán*: Martin; *italiano*: Martino.

Variantes Martiniano.

Onomástica Martina 30 de enero, Martín 11 de noviembre.

Origen y significado Del latín *martinus*, gentilicio de Marte; hace referencia a un hombre marcial y belicoso.

Características Persona tranquila y hogareña, es paciente y ordenada. Sabe muy bien que es lo que quiere y luchará por conseguirlo, y aprovecha su paciencia para esperar el momento oportuno.

Anécdota San martín de Tours era un soldado del siglo IV que compartió su capa con un mendigo.

Personajes célebres Martin Lutero, reformador alemán; Martin Luther King, líder del movimiento de igualdad racial en Estados Unidos; Martin Heidegger, filósofo alemán.

Mateo

Otras lenguas *Catalán*: Mateu; *vasco*: Matai; *gallego*: Mateo. *Inglés*: Mathew; *francés*: Mattieu; *alemán*: Mattheus; *italiano*: Matteo.

Onomástica 21 de septiembre.

Origen y significado Forma helenizada de Matías.

Características Persona muy tímida y reservada, es muy cerebral y racional, y necesita pensar mucho las cosas antes de decidirse. Le cuesta mucho abrirse y hacer amigos, porque en el fondo es muy sensible y se siente herido fácilmente.

Anécdota San Mateo es uno de los apóstoles y uno de los evangelistas. Era el encargado de recaudar los tributos, por lo que es el patrón de los aduaneros.

Personajes célebres Mateo Alemán, escritor sevillano que en el siglo XVI escribió el *Guzmán de Alfarache*; Mateu Morral, anarquista catalán.

Matías

Otras lenguas *Catalán*: Maties, Macià; *gallego*: Matias. *Inglés*, *francés*, *alemán*: Mathias; *italiano*: Mattia.

Variantes Macías.

Onomástica 14 de mayo.

Origen y significado Abreviatura del nombre hebreo Matatías, *mattithah*, don de Yavé.

Características Persona muy altruista y generosa que le gusta invertir su tiempo ayudando a los demás, por eso se interesa por los trabajos relacionados con las labores sociales y humanitarias. En su vida personal necesita amar y ser amado, por lo que busca formar una familia y goza con la vida hogareña.

Anécdota   San Matías murió bajo un hacha, después de jugarse la vida a las pajitas; es el patrón de los carpinteros.

Personajes célebres   Matías Prats, periodista de deportes; Matías I Corvino, rey de Hungría.

Matilde

Otras lenguas   *Catalán, gallego*: Matilde; *vasco*: Matildhe. *Inglés*: Matilda, Maud; *francés, alemán*: Mathilde; *italiano*: Matelda, Metilde; *portugués*: Mafalda.

Variantes   Matilda, Mafalda, Mectilda.

Diminutivos   Matty, Patty.

Onomástica   14 de marzo.

Origen y significado   Del germánico *maht-hild*, guerrero fuerte.

Características   Tiene una fuerte personalidad y es muy ambiciosa, no tiene miedo de asumir riegos o responsabilidades, lo que la cualifica como una gran trabajadora. Posee mucha imaginación y tiene grandes sueños que desea realizar.

Anécdota   Santa Matilde era la esposa del rey germano Enrique el Cazador, que al ver los disgustos que le daban sus hijos por ser pendencieros, se recluyó en un convento.

Personajes célebres   Matilde, emperatriz de Alemania e Inglaterra, aunque perdió esta última corona por la oposición de la nobleza; Mafalda es un personaje de cómic conocida por su ironía y buenos sentimientos.

Mauricio

Otras lenguas   *Catalán*: Maurici; *vasco*: Maurixi; *gallego*: Mauricio. *Inglés*: Maurice, Morris; *francés*: Maurice; *alemán*: Mauritius; *italiano*: Maurizio.

Onomástica   22 de septiembre.

Origen y significado   Del latín *Mauritius*, gentilicio de Mauro.

Características   Posee una rápida inteligencia que le permite reaccionar y adaptarse a los cambios, es un gran comunicador y una persona muy sociable. Le gusta la vida familiar y disfrutar de sus amigos.

Anécdota   Las islas Mauricio llevan ese nombre en honor a un navegante portugués.

Personajes célebres   Maurice Ravel, compositor francés; Maurice Maeterlink, escritor belga; Maurice Chevalier, cantante francés.

Mauro

Otras lenguas   *Catalán*: Maür; *vasco*: Maure; *gallego*: Amaro. *Francés*: Maure; *alemán*: Maurus; *italiano*: Mauro.

Variantes   Mauricio, Maurilio, Maurino, Maurilo, Amaro.

Onomástica   15 de enero.

Origen y significado   Del griego *mauros*, oscuro.

Características   Persona inteligente y ambiciosa, le gusta prosperar social y económicamente. Tiene un don especial para los trabajos creativos; también es generoso y muy cariñoso con sus personas cercanas.

Anécdota   Este nombre procede del apodo que daban los griegos a los habitantes de Mauritania, debido al color de su piel. De este apodo, *mauros*, deriva la palabra moros.

Maximiliano

Otras lenguas   *Catalán*: Maximilià. *Inglés*: Maximilian; *francés*: Maximilien; *alemán*: Maximiliane; *italiano*: Massimiliano.

Diminutivos   Max, Maxi.

Onomástica   12 de marzo.

Origen y significado   Del latín *Maximilianus*, es la unión de Máximo y Emilio y se refiere al máximo varón de la familia Emilia.

Características   Persona muy sociable y abierta, tiene una enorme curiosidad y le gustan los cambios y las novedades.

Anécdota   San Maximiliano fue un obispo del siglo III.

Personajes célebres   Maximiliano de Habsburgo fue emperador de México, pero era muy impopular y fue acosado y muerto; Maximilien Robespierre, político y revolucionario francés; Maximilien Schell, actor de cine alemán.

Máximo

Otras lenguas   *Catalán*: Màxim; *vasco*: Masima; *gallego*: Maximo. *Inglés*: Maxim; *francés*: Maxime; *alemán*: Maximus; *italiano*: Massimo.

Variantes   Maximino, Maximiano, Maximiliano.

Diminutivos   Max, Maxi.

Onomástica   14 de abril.

Origen y significado   Del latín *maximus*, máximo, mayor.

Características   Persona sociable y extrovertida, le gustan mucho las reuniones sociales y disfruta trabajando en equipo; su único defecto es la falta de perseverancia e interés que le hacen abandonar muchas cosas antes de haberlas terminado.

Anécdota   San Máximo el Confesor fue un monje de Constantinopla al que le cortaron la lengua y una mano, luego fue exiliado a Transcaucasia, en el siglo VII.

Personajes célebres Maxim Gorki fue un escritor ruso sobre novelas con trasfondo social; Máximo Gómez es uno de los héroes de la independencia cubana.

Mercedes

Otras lenguas *Catalán*: Mercè; *vasco*: Eskarne; *gallego*: Mercede. *Inglés*: Mercy; *italiano*: Mercede.

Diminutivos Merche.

Onomástica 24 de septiembre.

Origen y significado Del latín *merx*, mercancía, de donde deriva merced, misericordia. El nombre se refiere a la Virgen de la Merced.

Características Persona activa y adaptable a las nuevas circunstancias, es elegante y le gusta cuidarse, su problema es la falta de estabilidad y equilibrio que puede conseguir mediante una vida en pareja que le dé seguridad.

Anécdota Es la patrona de Barcelona.

Personajes célebres Mercè Rodoreda, escritora catalana; Mercedes Milà presentadora y periodista catalana; Mercedes Cabello de Carbonera, escritora peruana.

Miguel

Otras lenguas *Catalán*: Miquel; *vasco*: Mikel; *gallego*: Miguel. *Inglés*: Michael; *francés, alemán*: Michel; *italiano*: Michele; *ruso*: Mijaíl.

Variantes Micaela, Miguelina.

Diminutivos Migue; Mike, Mickey, en inglés.

Onomástica 29 de septiembre.

Origen y significado   Del hebreo *mika-el*, Dios es justo e incomparable.

Características   Es muy independiente y activo, su libertad es algo sagrado. Esta cualidad se puede convertir en algo negativo, cuando su temor a las ataduras le hace abandonar todo lo que empieza. Su lado altruista lo convierte en una persona abnegada y generosa.

Anécdota   Miguel es un nombre del Antiguo Testamento, llevado por el arcángel que derrotó a Satanás.

Personajes célebres   Miguel de Cervantes, gran hombre de las letras castellanas; Miguel Ángel, pintor y escultor italiano del Renacimiento; Mijaíl Gorbachov, político ruso; Miguel Indurain, ciclista vasco.

Mireya

Otras lenguas   *Catalán*: Mireia. *Francés*: Mirelle; *italiano*: Mirella.

Onomástica   Como María.

Origen y significado   Existen diversas teorías sobre el origen de este nombre, algunos autores lo consideran una variación de Míriam, otros de Margarita y una tercera línea lo relaciona con Miracla, o sea Milagros.

Características   Es muy ambiciosa y trabajadora, posee una fuerte personalidad y es autoritaria, lo que la hace muy capaz en los puestos directivos. Es también una amiga leal y muy generosa.

Anécdota   Este nombre se popularizó a partir de un poema de F. Mistral, que se llamaba *Mirèio*, variación de este nombre en lengua provenzal.

Moisés

Otras lenguas   *Catalán*: Moisès; *vasco*: Mois; *gallego*: Moisés. *Inglés, alemán*: Moses; *francés*: Moïse; *italiano*: Mosè.

Onomástica   4 de septiembre.

Origen y significado   Hay dos interpretaciones sobre su origen, una es del hebreo *Moshèh*, salvado de las aguas, haciendo referencia al episodio narrado en la Biblia; y la otra es del egipcio *mesu*, niño, hijo.

Características   Es muy detallista y cuidadoso, le gustan los trabajos difíciles que requieren habilidad y paciencia, y consigue destacar en ellos. También es amante de la familia y la vida hogareña.

Anécdota   Es el nombre del gran patriarca del Antiguo Testamento. De niño, Moisés fue abandonado en un río; lo encontró una princesa egipcia y lo crió como a un hijo. Siendo adulto descubrió sus orígenes hebreos y lideró el éxodo de su pueblo hacia la Tierra Prometida.

Personajes célebres   Moisés, patriarca bíblico; Moisés Ben Maimon (Maimonides), filósofo y médico judío-español de la Edad Media; Moisés Dayan, político israelí.

Mónica

Otras lenguas   *Catalán*: Mònica; *vasco*: Monike; *gallego*: Mónica. *Inglés*, *italiano*: Monica; *francés*: Monique; *alemán*:Monika.

Onomástica   27 de agosto.

Origen y significado   Del griego, es el femenino de *monachós*, monje, derivado de *monos*, solo, solitario.

Características   Es valiente y emprendedora, tiene un sentido especial para los negocios y le gusta todo lo que está relacionado con el comercio, en lo que destacará fácilmente. Le gusta estar al aire libre y practicar deportes de equipo.

Anécdota   Santa Mónica era la madre de San Agustín, es la patrona de las viudas.

Personajes célebres   Mónica Vitti, actriz italiana; Mónica Randall, actriz y presentadora catalana; Mónica Seles, tenista serbia.

Narciso

Otras lenguas *Catalán*: Narcís; *vasco*: Narkis; *gallego*: Narciso. *Inglés*, *alemán*: Narcissus; *francés*: Narcisse; *italiano*: Narciso.

Variantes Narcisa.

Diminutivos Chicho.

Onomástica 29 de octubre.

Origen y significado Del griego *narkissos*, derivado de *narkao*, que produce sopor.

Características Es independiente, activo y dinámico pero también es tenaz, paciente y metódico. Desea triunfar en su trabajo, lo que suele conseguir cuando establece un buen equilibrio entre sus dos tendencias.

Anécdota Narciso es un joven de la mitología griega. Su belleza era tan impresionante que murió de inanición al distraerse mirando su imagen reflejada en la superficie de un lago. De aquí proviene el adjetivo narcisista.

Personajes célebres San Narciso es el patrón de Gerona; Narcís Monturiol, inventor catalán creador del primer barco submarino; Narcís Oller, novelista catalán; Narciso Ibáñez Serrador, director de cine y televisión.

Natalia

Otras lenguas *Catalán*: Natàlia; *vasco*: Natale; *gallego*: Natalia. *Inglés*: Natalia, Natalie; *francés*: Nathalie; *alemán*: Natalie; *italiano*: Natalia; *ruso*: Natasha.

Variantes   Natacha.

Diminutivos   Nati, Natasja, Natascia.

Onomástica   1 de diciembre.

Origen y significado   Femenino de Natalio, hace referencia al día del nacimiento de Jesús.

Características   Es inteligente, ingeniosa y atenta; disfruta mucho de su independencia. Está muy capacitada para el trabajo en equipo, sobre todo en asociaciones comerciales o políticas, pero sólo se comprometerá en este tipo de actividades cuando no vea peligrar su libertad.

Anécdota   Santa Natalia era la esposa del emperador romano Marco Aurelio, murió martirizada.

Personajes célebres   Natalie Wood, actriz de cine norteamericana; Natalia Figueroa, escritora casada con el cantante Raphael.

Néstor

Otras lenguas   *Catalán*: Néstor; *vasco*: Nextor. *Francés*: Nestor; *italiano*: Nestore.

Onomástica   4 de marzo.

Origen y significado   Es un nombre griego aunque se desconoce su origen y significado.

Características   Persona muy tranquila y paciente, que sabe esperar hasta que llegue el momento oportuno para sacar provecho de cualquier situación. Le gusta la vida familiar y en pareja y disfruta de la compañía de sus amigos.

Anécdota   Néstor es un personaje del mito de los Argonautas y de la Guerra de Troya; aparece como una persona sabia, que ejerce como consejero.

Personajes célebres   Néstor Luján, escritor y periodista.

Nicolás

Otras lenguas *Catalán*: Nicolau; *vasco*: Mikolas, Nikola; *gallego*: Nicolo. *Inglés*: Nicholas; *francés*: Nicolas; *alemán*: Nikolaus, Niklaus; *italiano*: Nicola, Nicolò.

Variantes Nicolao, Nicolasa, Nicolina, Nicoleta.

Diminutivos Nico, Colás, Coleta, Nick.

Onomástica 6 de diciembre.

Origen y significado Del griego *nikólaos*, victoria del pueblo.

Características Es ingenioso y persuasivo, le gusta charlar, dialogar y discutir, y tiene una gran habilidad para ello. Es muy simpático e inteligente y se adapta rápidamente a cualquier situación.

Anécdota San Nicolás es el patrón de los marinos y mercaderes. Es muy venerado en los países nórdicos, donde aparece como Santa Klaus, figura hoy en día asimilada con Papá Noel.

Personajes célebres Niccolò Machiavelli (Maquiavelo), político florentino; Nicolás Copérnico, físico y astrónomo polaco; Nikolai Gògol, escritor ucraniano en lengua rusa.

Nieves

Otras lenguas *Catalán*: Neus; *vasco*: Edurne; *gallego*: Neves. *Italiano*: Nives.

Onomástica 5 de agosto.

Origen y significado Advocación mariana de la Virgen de las Nieves.

Características Persona organizada y ordenada, es una buena comunicadora y le gusta estar con sus amigos, aunque es difícil que llegue a sincerarse del todo con ellos, ya que es muy reservada.

Noelia

Otras lenguas *Catalán*: Noèlia; *gallego*: Noelia.

Variantes Noel, Noela.

Onomástica 25 de diciembre.

Origen y significado Femenino de la forma francesa de natividad, *Noël*.

Características Es muy enérgica y activa y posee una curiosidad insaciable, siempre quiere verlo y saberlo todo. Esto la convierte en una persona inquieta y muy interesada por cualquier tema. Es muy rápida pensando y trabajando, con lo cual consigue tener más tiempo libre para disfrutar de sus aficiones.

Anécdota Es un nombre que se daba comúnmente a los niños nacidos el día de Navidad. San Noël fue un párroco francés del siglo XVIII que se dirigió al cadalso recitando una misa.

Noemí

Otras lenguas *Catalán*: Noemí, Noemia. *Francés*: Noémi; *italiano*: Noemi.

Variantes Nohemí.

Diminutivos Noe.

Onomástica 4 de junio.

Origen y significado Nombre del Antiguo Testamento, formado por *no'o-mi*, mi delicia.

Características Es una persona encantadora y seductora, le gusta cuidar su aspecto físico y sabe explotar su atractivo, pero bajo este aspecto superficial se esconde un carácter muy idealista con preocupaciones religiosas.

Anécdota En la Biblia, Noemí es la esposa de Elimelec, el suegro de Rut.

Personajes célebres   Noemi Campbell, modelo.

Nora

Onomástica   24 de abril.

Origen y significado   Nombre de origen árabe, es un topónimo corriente, significa noria. También es el diminutivo de nombres como Leonora, o Eleonora.

Características   Es muy reservada y tímida, le gustan los trabajos relacionados con la creatividad y que puede realizar en solitario en un lugar aislado, ya que disfruta mucho de su independencia y soledad.

Anécdota   No debe confundirse con el nombre Norah, que es la forma irlandesa de Honoria.

Norberto

Otras lenguas   *Catalán*: Norbert; *vasco*: Norberta. *Inglés, francés, alemán*: Norbert; *italiano*: Norberto.

Onomástica   6 de junio.

Origen y significado   Del germánico *nord-berth*, famoso hombre del Norte.

Características   Es dinámico y entusiasta, desprende una gran energía y actividad, le gusta destacar en lo que hace y ser admirado; también es generoso y solidario.

Anécdota   San Norberto fue un personaje del siglo XII que tuvo una juventud violenta y agitada, pero que supo redimirse en la madurez. Fue sacerdote, fundó una orden de canónigos; llegó a ser obispo de Magdeburgo y consejero del rey Enrique IV.

Norma

Masculino   Normán.

Onomástica   No tiene.

Origen y significado   Femenino de Normán, que es de origen germánico y significa hombre del Norte, recuérdese los normandos.

Características   Persona ambiciosa que sabe claramente lo que quiere y lucha por conseguirlo; puede parecer fría y calculadora, pero en el fondo es sensible y emotiva.

Anécdota   El nombre de Norma se popularizó a raíz de un personaje de la novela de Walter Scott, *El Pirata* y también a través de la ópera de Bellini *Norma*.

Personajes célebres   Norma Duval, cantante y bailarina de music-hall; Norman Mailer, escritor norteamericano.

Nuria

Otras lenguas   *Catalán*: Núria; *gallego*: Nuria.

Onomástica   8 de septiembre.

Origen y significado   Advocación mariana aplicada a la Virgen de este santuario. Podría ser de origen vasco *n-uri-a*, lugar entre las colinas.

Características   Es muy idealista y soñadora, depende mucho del ambiente y es extremadamente sensible. Debe luchar contra esa dependencia para sentirse más segura y realizada.

Personajes célebres   Núria Espert, actriz dramática catalana.

Octavio

Otras lenguas   *Catalán*: Octavi; *vasco*: Otabi; *gallego*: Octavio. *Inglés*: Octavius; *francés*: Octave; *alemán*: Oktavius; *italiano*: Octavio.

Variantes   Octaviano, Octavia.

Onomástica   20 de noviembre.

Origen y significado   De origen latino, se aplicaba a los octavos hijos.

Características   Es autoritario y ambicioso, su gran voluntad y capacidad de trabajo le permiten llegar a donde desea. Es muy franco y honesto.

Anécdota   El más célebre es el primer emperador de Roma, que se cambió su nombre original Octaviano por el de Augusto cuando llegó al poder.

Personajes célebres   Octavio paz, escrito mexicano; Octavia era la hermana de Augusto y se casó con Marco Antonio.

Olga

Otras lenguas   *Sueco, ruso*: Helga.

Variantes   Helga.

Onomástica   11 de julio.

Origen y significado   Nombre ruso, es el femenino de *Oleg*.

Características   En ella se unen dos tendencias contrarias, por una parte es egocéntrica, autoritaria y arrogante, y por otra es generosa, altruista y muy sensible. Cuando encuentra el equilibrio es una persona muy humana, capaz de dejarlo todo por ayudar a un amigo.

Anécdota   Santa Olga fue la esposa del gran duque Igor, que se convirtió al cristianismo.

Oliverio

Otras lenguas   *Catalán*: Oliver, Oliveri; *gallego*: Oliverio. *Inglés*, *alemán*: Oliver; *francés*: Olivier; *italiano*: Oliviero.

Onomástica   12 de julio.

Origen y significado   Del noruego *Oláfr*, que en danés antiguo se escribía *Olâver*; también puede venir de *alfihari*, ejército de elfos.

Características   Es tierno y emotivo, aunque también es oportunista y autoritario. También tiene una vertiente religiosa y mística.

Anécdota   Charles Dickens, popularizó este nombre con *Oliver Twist*.

Personajes célebres   Oliver Cromwell, derrotó al rey Carlos I de Inglaterra y estableció una república; Oliver Hardy formó parte de la pareja de actores cómicos «el Gordo y el Flaco».

Olivia

Otras lenguas   *Catalán*: Olívia, Oliva; *gallego*: Olivia. *Inglés*: Olive, Olivia; *francés*: Olive; *alemán*, *italiano*: Olivia.

Variantes   Oliva, Olivo, Oliverio.

Diminutivos   Oli.

Onomástica   5 de marzo.

Origen y significado   Del latín *oliva*, aceituna. Hace referencia al huerto de los olivos de la Pasión.

Características Es una persona de grandes contrastes, capaz de cambiar de estado de ánimo muy rápidamente y sin explicación aparente; resulta muy desconcertante. En ella se mezclan el entusiasmo, la extroversión y la vivacidad, junto con la melancolía, la tristeza y la dependencia.

Anécdota Santa Oliva fue deportada a Túnez, allí realizó una gran labor, aunque finalmente fue ejecutada. Una de las mayores mezquitas de Túnez se llama Oliva en su honor, ya que no todos estaban de acuerdo en su condena

Personajes célebres Olivia de Havilland, famosa actriz cinematográfica estadounidense; Oliva es la novia de Popeye, el célebre personaje de cómic.

Omar

Otras lenguas *Alemán*: Ömer.

Variantes Omaro, Omero.

Onomástica 16 de noviembre.

Origen y significado Del árabe *umar*, constructor. Se une con la tradición hebrea de *omar*, elocuente.

Características Es frío y distante cuando se encuentra en un ambiente desconocido y no tiene confianza, pero cuando está entre amigos es sociable, abierto y divertido.

Anécdota Es el nombre de uno de los primeros califas musulmanes.

Personajes célebres Omar Shariff, actor de origen egipcio.

Oriol

Diminutivos Ori.

Onomástica 23 de marzo.

Origen y significado Derivado del latín *aurum*, oro. También es el nombre en catalán de un pájaro, la oropéndula.

Características Es introvertido y soñador, suele refugiarse en su mundo de fantasía cuando se enfrenta a problemas o dificultades. También es entusiasta, emprendedor y activo.

Anécdota Este nombre se popularizó a raíz del Santo barcelonés del siglo XVIII, Sant Josep Oriol, pero Oriol es, en realidad, el apellido que hace referencia a la oropéndula.

Personajes célebres Oriol Bohigas, arquitecto catalán.

Orlando

Otras lenguas *Catalán*: Orland; *gallego*: Orlando. *Inglés, alemán, italiano*: Orlando; *francés*: Orland.

Onomástica 20 de mayo.

Origen y significado Del germánico *ort-land*, espada del país.

Características Es muy activo y enérgico, tiene una gran ambición y autoridad, le gusta trabajar en grupo y dirigir. Es también una persona sensible, emotiva y con una gran imaginación.

Anécdota Es célebre el poema *Orlando Furioso* de Ludovico Ariosto.

Óscar

Otras lenguas *Catalán*: Óscar, Oscar; *gallego*: Oscar.

Onomástica 3 de febrero.

Origen y significado De origen germánico formado por *Osovan*, nombre de una divinidad, y por *gair*, lanza, o sea, lanza divina.

Características Simpático y extrovertido, le gustan las reuniones sociales y es muy divertido y ocurrente. En el trabajo es responsable y organizado.

Anécdota   Este nombre lo llevan los célebres premios que otorga la Academia de Cine de Hollywood.

Personajes célebres   Oscar Niemeyer, arquitecto brasileño; Oscar Kokoshka, pintor austríaco.

Ovidio

Otras lenguas   *Catalán*: Ovidi; *gallego*: Ovidio.

Onomástica   23 de agosto.

Origen y significado   Del latín *ovidus*, óvido, de la oveja.

Características   Es una persona racional y reflexiva que se siente inclinada a las tareas intelectuales y de estudio. También le gustan los deportes y las reuniones con amigos íntimos.

Anécdota   Ovidio fue un poeta latino autor de las *Metamorfosis*.

Personajes célebres   Ovidi Montllor, cantautor valenciano.

Pablo/Paula

Otras lenguas   *Catalán*: Pau, Pol; *vasco*: Paul; *gallego*: Paulo. *Inglés, francés, alemán*: Paul; *italiano*: Paolo; *ruso, checo*: Pavel.

Variantes   Paulo, Paulino, Paulina.

Onomástica   Paula 26 de enero, Pablo 29 de junio.

Origen y significado Nombre tomado por Saulo de Tarso al convertirse al cristianismo. Proviene del latín *paulus*, pequeño, como una muestra de humildad.

Características Es muy alegre y divertido, pronto se convierte en el alma de las fiestas por su simpatía y su ingenio, también es muy rápido de comprensión, buen dialogante y comunicador.

Anécdota San Pablo es uno de los patriarcas de la Iglesia y fue elegido para predicar el Evangelio; además es patrono de los caballeros porque lo decapitó una espada.

Personajes célebres Pablo Neruda, poeta chileno; Pau Casals, violonchelista catalán; Pablo Ruiz Picasso, pintor malagueño; Paul Gauguin, pintor francés.

Paloma

Otras lenguas *Catalán*: Coloma; *vasco*: Usoa; *gallego*: Pomba. *Inglés*: Colum, Colm; *francés*, *alemán*, *italiano*: Columba.

Variantes Coloma, Columba, Colombina, Columbano.

Onomástica 31 de diciembre.

Origen y significado Del latín *palumba*, pichón salvaje.

Características Es extrovertida y activa y también posee una gran emotividad. Le cuesta mucho tomar decisiones, ya que es muy dubitativa e insegura.

Anécdota Este nombre está tomado de las palomas salvajes, que eran más claras que las domésticas. Se tomó el color blanco como símbolo de la pureza y de la dulzura y aludiendo a la simbología del Espíritu Santo.

Personajes célebres Colombina es uno de los personajes de la Comedia del Arte; Paloma Picasso, hija del célebre pintor, es diseñadora y tiene una casa de cosmética; Paloma San Basilio, cantante.

Pascual

Otras lenguas *Catalán*: Pasqual; *vasco*: Pazcal, Bazkoare; *gallego*: Pascoal. *Inglés, francés*: Pascal; *alemán*: Paschal; *italiano*: Pasquale.

Variantes Pascualino, Pascasio.

Onomástica 17 de mayo.

Origen y significado Del latín *pasqualis*, relativo a la Pascua o nacido en la Pascua.

Características Es reservado, independiente y autoritario; se siente atraído por el trabajo intelectual y los estudios; es muy disciplinado y metódico, lo que hacen de él un buen trabajador. Tiene un gran sentido de la justicia, es franco y honesto.

Anécdota Este nombre se incorporó al cristianismo con la celebración de la Pascua, donde se conmemora la resurrección de Cristo. En un principio se aplicaba a los niños nacidos durante esta celebración.

Personajes célebres Pasqual Maragall, político catalán.

Patricio/Patricia

Otras lenguas *Catalán*: Patrici/Patrícia. *Inglés*: Patrick/Patricia; *francés*: Patrice/Patricia; *alemán*: Patrizius/Patricia; *italiano*: Patrizio/Patrizia.

Diminutivos Pat, Pati, Paty, Patsy.

Onomástica Patricia 13 de marzo, Patricio 17 de marzo.

Origen y significado Del latín *patricius*, era la manera de designar a los hijos de padre noble y rico en la antigua Roma.

Características Es muy sociable, abierto y simpático; en su trabajo es ordenado y responsable, y muy perfeccionista, esto hace que pronto se canse de lo que está haciendo y sea poco perseverante.

Anécdota   San Patricio es el evangelizador de Irlanda y es el patrono de ese país. Es una festividad muy celebrada en Irlanda y en Estados Unidos, donde la comunidad de origen irlandés es muy numerosa.

Personajes célebres   Patricia Highsmith, escritora de novelas de misterio.

Pedro

Otras lenguas   *Catalán*: Pere; *vasco*: Kepa, Pello; *gallego*: Pedro. *Inglés*: Peter; *francés*: Pierre; *alemán*: Petrus; *italiano*: Pietro, Piero; *ruso*: Piotr.

Variantes   Petronio, Petroquio, Petronila.

Diminutivos   Perico.

Onomástica   29 de junio.

Origen y significado   Del latín *petrus*, piedra, haciendo referencia a la frase que Jesús dijo a Pedro en el Evangelio.

Características   Puede parecer muy tranquilo, pero en el fondo es una persona nerviosa, inquieta y muy curiosa. Le gusta el trabajo bien hecho y es muy atento y detallista.

Anécdota   Es uno de los primeros nombres de la cristiandad. Jesús le dijo a Simón «sobre esta piedra edificaré mi iglesia»; a partir de lo cual tomó el nombre de *kefas*, piedra en arameo, que se tradujo al griego como *pétros* y al latín como *petrus*. Posteriormente ningún otro Papa ha tomado este nombre por respeto al primero.

Personajes célebres   Piotr Chaikovski, compositor ruso, autor de varios ballets famosos; Pedro Calderon de la Barca, autor teatral castellano; Pedro I el Grande, zar de Rusia del siglo XVII.

Penélope

Otras lenguas   *Catalán*: Penèlope; *gallego*: Pénélope. *Inglés*, *alemán*, *italiano*: Penelope; *francés*: Pénélope.

Onomástica   1 de noviembre.

Origen y significado   Del griego *pene*, hilo y *lopia*, hinchazón.

Características   Es inquieta y activa, siente mucho interés por temas muy diversos, también sabe ser paciente y esperar el momento oportuno para conseguir algo. Es cariñosa y muy alegre.

Anécdota   Penélope es el nombre de la esposa de Ulises, que mientras él estaba en la guerra tejía en un telar. Prometió a sus pretendientes que elegiría uno de ellos para casarse cuando terminara de tejer, pero lo que tejía de día lo deshacía de noche para ganar tiempo y poder esperar a su esposo.

Personajes célebres   Penélope Cruz, actriz de cine española.

Pilar

Diminutivos   Pili, Piluca, Pilca.

Onomástica   12 de octubre.

Origen y significado   Nombre alusivo a la Virgen María.

Características   Es muy reflexiva y prudente, le gusta mucho pensar las cosas antes de tomar una decisión. También es enérgica y ambiciosa, muy cuidadosa en su trabajo, desea prosperar en su terreno profesional.

Anécdota   Este nombre hace referencia a una aparición de la Virgen María cerca del río Ebro, donde se le apareció al apóstol Santiago encima de un pilar o columna de ágata. Es la patrona de Zaragoza.

Personajes célebres   Doña Pilar de Borbón, miembro de la familia real española; Pilar Miró, directora de cine española.

Pío/Pía

Otras lenguas   *Catalán*: Pius/Pia; *vasco*: Pi/Pije; *gallego*: Pío/Pía. *Francés*: Pie/Pia; *italiano*: Pio/Pia.

Onomástica   30 de abril.

Origen y significado   Del latín *pius*, piadoso, benigno, humano, devoto.

Características   Es muy responsable, tanto en el trabajo como en la vida familiar; disfruta de sus ratos con la familia ya que es muy hogareño. En el trabajo es metódico y ordenado, también es autoritario y severo, por lo que está capacitado para dirigir grupos y equipos.

Anécdota   Este nombre fue tomado por diversos papas, tomando la traducción latina en un sentido que se puede entender como el que cumple con los dioses.

Personajes célebres   Varios papas, entre ellos Pío IX que proclamó el dogma de la Inmaculada Concepción y Pío V, comisario de la Inquisición; también destaca el escritor Pío Baroja.

Plácido

Otras lenguas   *Catalán*: Plàcid; *vasco*: Palgide, Paketsun (f); *gallego*: Plácido.

Femenino   Placidia.

Onomástica   5 de octubre.

Origen y significado   Del latín *placidus*, plácido, suave, tranquilo.

Características   Muy elegante y distinguido posee un gran carisma y atractivo personal, es enérgico y autoritario y bastante testarudo. Prefiere la acción que la reflexión y le gustan las decisiones rápidas.

Anécdota   San Plácido era un monje muy rebelde, que estuvo a punto de ahogarse y lo salvó otro monje; a partir de ese momento se volvió obediente y tranquilo. Se le implora en los problemas con el agua o cuando hay peligro de ahogarse.

Personajes célebres   Plácido Domingo, tenor español que ha triunfado en todo el mundo.

Prudencio

Otras lenguas *Catalán*: Prudenç, Prudent, Prudenci; *vasco*: Prudentzi; *gallego*: Prudencio. *Inglés, francés*: Prudence; *alemán*: Prudens/Prudentia.

Variantes Prudente, Prudenciano, Prudencia.

Onomástica 28 de abril.

Origen y significado Del latín *prudens*, prudente, en el sentido de despierto, inteligente.

Características Es sociable y abierto y muy independiente, es un buen comunicador y un gran líder, muy hábil para dirigir y mandar.

Anécdota Es un nombre muy utilizado para evocar las virtudes de otros nombres, por ejemplo Caridad, Obediencia, etc.

Personajes célebres Aurelio Clemente Prudencio, poeta cristiano del siglo IV; Prudenci Bertrana, escritor catalán.

Purificación

Otras lenguas *Catalán*: Purificació; *vasco*: Garbiñe; *gallego*: Purificación.

Diminutivos Puri.

Onomástica 8 de diciembre.

Origen y significado Hace referencia a la purificación de la Virgen María que se celebra 40 días después del nacimiento de Cristo.

Características Es muy reservada y tímida, le gusta la soledad y la independencia, por lo que disfruta con los trabajos y ocios que se pueden hacer en solitario. Con sus personas cercanas es agradable y cariñosa.

Personajes célebres Purificación García, modista y diseñadora.

Quintín

Otras lenguas   *Catalán*: Quintí; *gallego*: Quentín. *Inglés*: Quentin, Quintin; *francés*: Quentin; *alemán*: Quintin; *italiano*: Quintino.

Variantes   Quinto, Quinciano, Quintiliano, Quintilo, Quinciano, Quincio.

Onomástica   31 de octubre.

Origen y significado   Del latín *quintus*, quinto, se aplicaba al hijo nacido en este lugar.

Características   Es muy tranquilo y reservado, aunque puede ser un gran conversador cuando se siente cómodo. Es muy trabajador, amante del detalle y del trabajo bien hecho.

Anécdota   Este nombre era muy común en la antigua Roma, donde lo llevaba una poderosa familia.

Personajes célebres   Quentin Tarantino, director de cine norteamericano.

Rafael/Rafaela

Otras lenguas   *Catalán*: Rafel, Rafael; *vasco*: Errapel; *gallego*: Rafael. *Inglés*: Raphael; *francés*: Raphaël; *alemán*: Raffaele; *italiano*: Raffaello.

Diminutivos   Rafa.

Onomástica   29 de septiembre.

Origen y significado   Nombre hebreo, de *repha-el*, Dios ha sanado.

Características   Es muy activo y voluntarioso, ha nacido para mandar y no soporta ser un subalterno, por eso es fácil que se independice. También es muy emprendedor, pero no tomará ninguna decisión sin haberlo pensado y sopesado mucho.

Anécdota   Este nombre alude a un pasaje del Antiguo Testamento, es uno de los arcángeles mencionados en la Biblia y es el patrono de la medicina, de los caminantes y de los matrimonios.

Personajes célebres   Raffaello Sanzio, más conocido como Rafael simplemente, es uno de los mayores artistas de toda la historia; Rafael Alberti, poeta andaluz; Rafael Casanova, político catalán.

Raimundo

Otras lenguas   *Catalán*: Raimund, Raimon; *gallego*: Raimundo.

Onomástica   1 de febrero.

Origen y significado   Forma antigua de Ramón.

Características   Es reservado y serio, muy tranquilo y paciente, le gusta disfrutar de los placeres sencillos, como la buena comida y la buena compañía; por eso suele tener buenos amigos y ser muy leal a ellos. Profesionalmente es responsable y cumplidor, alguien en quien se puede confiar.

Anécdota   San Raimon de Penyafort era un dominico catalán que se dedicaba a predicar; en una ocasión cruzó el mar desde las islas Baleares hasta Cataluña, sentado sobre su capa y remando con su bastón. Es el patrono de los abogados y de los procuradores.

Personajes célebres   Raimundo Amador, cantante de flamenco rock; Ray Bradbury, novelista estadounidense, especializado en ciencia-ficción; Raimon, cantautor valenciano.

Ramiro

Otras lenguas   *Catalán*: Ramir; *vasco*: Erramir; *gallego*: Ramiro.

Onomástica   11 de marzo.

Origen y significado   Contracción del nombre germánico Ranimiro, de *renamêrs*, consejero ilustre.

Características   Es autoritario y enérgico, aunque en el fondo es menos duro de lo que quiere parecer, ya que tiene un lado muy sensible y emotivo que es fácil vislumbrar en algunos momentos.

Anécdota   Era un nombre muy común entre los nobles aragoneses y leoneses.

Ramón/Ramona

Otras lenguas   *Catalán*: Ramon, Raimon; *vasco*: Erraimundo; *gallego*: Ramón. *Inglés*: Raymond; *francés*: Raymond; *alemán*: Raimunde; *italiano*: Raimondo.

Variantes   Raimundo, Remismundo.

Diminutivos Ray, Moncho.

Onomástica 31 de agosto.

Origen y significado Del germánico *ragin-mund*, el que protege por el consejo.

Características Es independiente, activo y enérgico, le gusta tener los pies en el suelo por lo que es muy práctico y realista; desea rodearse de comodidades y bienes materiales, aunque también puede ser generoso y abnegado.

Anécdota San Ramón Nonato, nació cuando su madre ya había muerto, se dedicó a la vida religiosa y llegó a ser cardenal. Según cuentan, fue apresado por unos piratas que lo torturaron perforándole los labios con hierro candente para que no hablara, pero no consiguieron callarlo.

Personajes célebres Existen varios reyes y condes de Barcelona con este nombre; Ramon Casas, pintora catalana; Ramon Llull, escritor y filósofo mallorquín; Ramón Menéndez Pidal, historiador y filólogo gallego; Ramon Muntaner, cronista catalán.

Raquel

Otras lenguas *Catalán*: Raquel. *Inglés, francés, alemán*: Rachel; *italiano*: Rachele.

Onomástica 2 de septiembre.

Origen y significado Del hebreo *rahel*, oveja.

Características Es muy individualista e impulsiva, está muy capacitada para dirigir y mandar, pero no le gusta hacerlo ya que prefiere disfrutar de su libertad.

Anécdota En el Antiguo Testamento, Raquel es la esposa de Jacob y madre de José. Como personaje, representa la vida contemplativa.

Personajes célebres   Raquel Welch, actriz de cine; Raquel Meller, cupletista catalana.

Raúl

Otras lenguas   *Catalán*: Raüll; *gallego*: Raul. *Inglés*: Ralph; *francés*: Raoul.

Onomástica   30 de diciembre.

Origen y significado   Contracción de nombres como Radulfo o Rodulfo, su origen es germánico y significa consejo del lobo, que metafóricamente se refiere al guerrero.

Características   Es muy sensible y nervioso, salta con facilidad ya que tiene los nervios a flor de piel; también es idealista y soñador, muy genero-so y abnegado.

Personajes célebres   Raúl Alfonsín, político argentino; Raúl Sender, cómico y actor.

Rebeca

Otras lenguas   *Catalán*, *gallego*: Rebeca. *Inglés*: Rebecca, Rebekah; *francés*, *italiano*: Rebecca.

Onomástica   25 de marzo.

Origen y significado   Del hebreo *rivké*, lazo.

Características   Es muy apasionada y entusiasta, lo principal para ella es encontrar una pareja y formar una familia, a la que se dedicará en cuerpo y alma. Es muy hábil en los trabajos creativos y que necesitan imaginación.

Anécdota   En el Antiguo Testamento, Rebeca era la esposa de Isaac y madre de Esaú y Jacob.

Personajes célebres   Existe una célebre película de Alfred Hitchcock con este nombre.

Regina

Otras lenguas   *Catalán, gallego*: Regina. *Francés*: Régis/ Régine.

Variantes   Reina.

Onomástica   7 de septiembre.

Origen y significado   Algunos autores lo relacionan con el latín *rex*, rey, y lo asocian a la Virgen María, pero es probable que su uso también se deba a diversos nombres germánicos con el componente *ragin-*, consejo.

Características   Es conservadora y reservada, testaruda, trabajadora y tenaz. Es encantadora y sabe seducir, pero es una persona sencilla que le gusta la tranquilidad y la vida sosegada.

Anécdota   Santa Regina fue virgen y mártir en Borgoña en el siglo III.

Remedios

Otras lenguas   *Catalán*: Remei; *vasco*: Osane; *gallego*: Remedios.

Onomástica   3 de febrero.

Origen y significado   Advocación mariana, por Nuestra Señora de los Remedios.

Características   Es generosa y abnegada, aunque también le gusta conseguir lo que quiere, para lo cual sabe luchar y defenderse. Es sociable, divertida y alegre.

Anécdota   En un principio este nombre también se usaba como masculino, sobre todo por su similitud con otros como Remigio. Así existe un San Remedios que fue obispo y mártir en el siglo II.

Renato/Renata

Otras lenguas *Catalán*: Renat. *Francés*: Réné.

Onomástica 19 de octubre.

Origen y significado Del latín *renatus*, renacido; fue muy utilizado por los primeros cristianos que lo usaban como símbolo de su renacimiento en la nueva religión.

Características Es alegre y divertido, disfruta con las fiestas y reuniones, siempre es el alma de las celebraciones. Le gustan los deportes y las prácticas al aire libre. Es responsable y serio cuando es necesario, pero le gusta divertirse siempre que puede.

Anécdota San Renato fue un ermitaño del siglo X, que murió poco después de nacer, pero un obispo le devolvió la vida para poder bautizarlo.

Personajes célebres Réne Descartes es un famoso filósofo francés.

Ricardo

Otras lenguas *Catalán*: Ricard; *vasco*: Errikarta; *gallego*: Ricardo. *Inglés*, *francés*, *alemán*: Richard; *italiano*: Riccardo, Ricciardo.

Femenino Ricarda.

Diminutivos Rick, Dick, Ricky.

Onomástica 3 de abril.

Origen y significado Del germánico *rich-hard*, fuerte por la riqueza.

Características Es autoritario y enérgico, está especialmente dotado para dirigir y mandar, cosa que hace con eficacia y placer. También es generoso y divertido, le gusta la vida familiar y las veladas con los amigos.

Anécdota San Ricardo De Chichester, era un labrador que empezó a estudiar y consiguió llegar al obispado.

Personajes célebres Es un nombre muy común entre los reyes ingleses, como Ricardo Corazón de León; Richard Wagner gran compositor alemán; Richard M. Nixon fue presidente de los Estados Unidos.

Roberto

Otras lenguas *Catalán*: Robert; *vasco*: Erroberta; *gallego*: Roberto. *Inglés*, *francés*, *alemán*: Robert; *italiano*: Roberto.

Variantes Rodoberto, Ruperto, Roberta.

Diminutivos Rob, Robi, Boby, Robin, Beto.

Onomástica 29 de abril.

Origen y significado Del germánico, derivado de *hrod-berth*, famoso por la gloria.

Características Tímido y desconfiado, es muy reservado y le cuesta mucho tomar decisiones. Cuando toma una determinación, no para hasta conseguirla, siendo emprendedor y perseverante.

Anécdota San Roberto Bellarmino era sobrino de Maquiavelo, se hizo jesuita y luchó contra los herejes. Llegó a ser cardenal.

Personajes célebres Robert Graves, escritor inglés; Roberto Rossellini, director de cine italiano; Robert Redford, actor estadounidense.

Rocío

Onomástica 24 de mayo, o el domingo de Pascua.

Origen y significado Alusivo a la Virgen del Rocío, del latín *roscidus*, rociado, cubierto de rocío.

Características Es una mujer muy práctica y materialista, es trabajadora y centrada para conseguir lo que quiere; también es idealista y soñadora, por lo que puede involucrarse en temas sociales y humanitarios.

Anécdota En Andalucía se celebra una romería en su honor.

Personajes célebres Rocío Jurado y Rocío Durcal, cantantes.

Rodolfo

Otras lenguas *Catalán*: Rodolf; *vasco*: Errodulba; *gallego*: Rodolfo. *Inglés*: Rodolf; *francés*: Rodolphe; *alemán*: Rudolf; *italiano*: Rodolfo.

Diminutivos Rudi, Rolf, Rolph.

Onomástica 21 de junio.

Origen y significado Del germánico *hrod-wulf*, lobo glorioso, en el sentido de guerrero glorioso.

Características Es enérgico y ambicioso, desea triunfar en la vida para lo que dispone de su inteligencia y su habilidad oratoria. Es muy reservado y obstinado, por lo que es probable que consiga lo que desea.

Anécdota Es un nombre muy común en los países germánico y lo era en España en la Edad Media.

Personajes célebres Rodolfo Valentino, actor, fue el primer «latin lover» del cine; Rudolf Diesel, fue el inventor de este tipo de motores.

Rodrigo

Otras lenguas *Catalán*: Roderic; *vasco*: Edrigu, Errodeika; *gallego*: Rodrigo.

Variantes Roderico, Ruy.

Diminutivos Roi.

Onomástica 13 de marzo.

Origen y significado Del germánico *hrod-ric*, rico en gloria.

Características Es muy voluntarioso y enérgico, cuando desea algo, pone todo su empeño en conseguirlo, mostrando una gran obstinación y perseverancia. Le gusta la actividad física y los deportes; con los amigos es abierto y divertido, teniendo mucha facilidad para entablar nuevas relaciones.

Anécdota Este es un nombre medieval, que popularizó Rodrigo Díaz de Vivar, *El Cid Campeador*, célebre guerrero castellano, cuyas hazañas han quedado plasmadas en un hermoso poema.

Personajes célebres San Rodrigo era un rey de Córdoba que no renunció a su fe cristiana y fue decapitado por los musulmanes; Rodrigo Borgia, llegó a Papa con el nombre de Alejandro VI.

Rogelio

Otras lenguas *Catalán*: Roger; *gallego*: Roxelio, Roger. *Inglés*, *francés*: Roger; *alemán*: Rudiger; *italiano*: Ruggero.

Variantes Rogerio, Roger.

Onomástica 16 de septiembre.

Origen y significado Derivado de *Rodegarius*, del germánico *hrdo-gair*, famoso por la lanza.

Características Es muy sociable y adaptable, por lo que siente cómodo en cualquier parte y en seguida se integra en el ambiente; es un seductor nato, por lo que tiene un gran éxito social. También es generoso y altruista y le gusta ser útil a los demás.

Anécdota San Rogelio desafío a los musulmanes recitando palabras del Evangelio en la misma mezquita de Córdoba. Posteriomente fue martirizado en el año 852.

Personajes célebres Roger Bacon, filósofo inglés; Roger de Flor, caballero y aventurero catalán del siglo XIII; Roger de Llúria, caudillo medieval catalán del siglo XIII.

Román

Otras lenguas *Catalán*: Romà; *vasco*: Erroman; *gallego*: Román. *Francés*: Romain.

Variantes Romano, Romaniano.

Onomástica 28 de febrero.

Origen y significado Del latín *Romanus*, gentilicio de Roma.

Características Es fuerte, independiente, activo y emprendedor, posee una fuerte personalidad y un espíritu práctico, puede ser generoso, cuando lo desea, pero siempre piensa en sí mismo primero.

Anécdota San Román de Antioquía se dedicaba a animar a los cristianos perseguidos, le cortaron la lengua, pero no consiguieron que abandonara su empresa; después lo decapitaron en el siglo IV.

Personajes célebres Roman Polanski, director de cine de origen polaco; Romain Rolland, escritor francés.

Ronaldo

Otras lenguas *Catalán*: Ronald. *Inglés*: Ronald.

Onomástica No tiene.

Origen y significado Del germánico *hrod-ald*, gobernante glorioso.

Características Es voluntarioso y enérgico, se interesa por los temas sociales y de ayuda humanitaria, por lo que no es extraño verlo trabajando en estos temas. Es sociable, alegre y divertido, disfruta con los deportes y la vida familiar.

Personajes célebres Ronadl Amundsen, explorador noruego; Ronald Reagan, político estadounidense; Ronaldo, jugador de fútbol brasileño.

Roque

Otras lenguas *Catalán*: Roc; *vasco*: Erroca. *Inglés*: Rocky; *francés*: Roch; *italiano*: Rocco.

Femenino Roquelina.

Diminutivos Rocky.

Onomástica 16 de agosto.

Origen y significado Del germánico *hroc*, grito de guerra; también se puede relacionar con el latín, *roca*, piedra.

Características Con un carácter fuerte, ha nacido para mandar y dirigir y no soporta puestos inferiores, si no ve una clara posibilidad de prosperar. Es reflexivo y práctico, por lo que es un buen directivo, capaz de tomar las decisiones acertadas y llevarlas a cabo.

Anécdota San Roque era hijo de una familia adinerada que donó todas sus riquezas a los pobres; cuando estaba enfermo un ángel acudió a ayudarlo; murió de viejo en 1379. Se le invoca en los casos de epidemias.

Personajes célebres Rocky Marciano, boxeador.

Rosa

Otras lenguas *Catalán, gallego*: Rosa; *vasco*: Arroxa, Errose. *Inglés, francés*: Rose; *alemán, italiano*: Rosa.

Variantes Rosalinda, Rosalba, Rosalina, Rosalía, Rosamunda, Rosana, Rosario, Rosaura.

Onomástica 23 de agosto.

Origen y significado En él concurren dos tradiciones, por un lado el latín, y el nombre de la flor rosa y, por otro el germánico con la voz *hrod*, gloria.

Características Es una persona muy tierna y cariñosa, es muy emotiva y se siente insegura fácilmente. Necesita una pareja que le dé confianza, equilibrio y seguridad; Si se siente cómoda puede lograr sus objetivos con facilidad.

Anécdota Santa Rosa de Lima dedicó toda su vida a los pobres, es la patrona de Perú.

Personajes célebres Rosa de Luxemburgo, revolucionaria y teórica marxista; Rosa Maria Sardà, actriz catalana; Rosa Sensat, pedagoga y maestra catalana.

Rubén

Otras lenguas *Catalán*: Robèn; *gallego*: Rubén. *Inglés*: Reuben; *francés*: Ruben; *italiano*: Rúben.

Onomástica 4 de agosto.

Origen y significado Del Antiguo Testamento, de *raá beonyí*, Dios ha visto mi aflicción; o sino también de *raah-ben*, veo un hijo.

Características Es práctico y activo, también es muy idealista por lo que le gusta intervenir en trabajos que puedan mejorar la sociedad; no soporta la autoridad ni las jerarquías.

Anécdota Según la tradición bíblica, su madre Lía exclamó esta frase al alumbrarlo, de donde viene su nombre.

Personajes célebres Ruben Darío, poeta nicaragüense; Rubén Blades, cantante.

Rut

Otras lenguas *Catalán, gallego*: Rut. *Inglés, francés, alemán*: Ruth; *italiano*: Rut; *portugués*: Rute.

Variantes Ruth, Ritulio.

Onomástica 4 de junio.

Origen y significado Del hebreo *ruth*, amistad, compañía; también de *ru'th*, belleza.

Características Es cariñosa y emotiva, disfruta estando en familia y con sus amigos íntimos, es también muy reservada y tímida.

Anécdota Es un personaje del Antiguo Testamento, la bisabuela de David.

Sabino

Otras lenguas *Catalán*: Sabí; *vasco*: Sabin, Xabadin; *gallego*: Sabino. *Inglés, francés*: Sabin; *italiano*: Sabino, Savino.

Variantes Sabiniano.

Onomástica 11 de julio.

Origen y significado Nombre de un pueblo vecino a los latinos.

Características Es retraído y reservado, muy tímido; en el trabajo es ordenado y cumplidor, muy atento a los detalles, le gustan las tareas difíciles que requieren mucha paciencia.

Anécdota Es célebre el mito del rapto de las sabinas, que desencadenó la guerra entre latinos y sabinos.

Personajes célebres Sabino de Arana, político fundador del nacionalismo vasco.

Sabrina

Onomástica   30 de enero.

Origen y significado   Del latín derivado de *severnius*, fronterizo.

Características   Es independiente y activa, le gusta triunfar en el terreno profesional, aunque no por eso dejará de formar una familia y dedicarse a ella. Es muy hábil en las tareas creativas y relacionadas con el arte.

Anécdota   Este nombre proviene de los tiempos en que el Imperio Romano estaba limitado por el Río Severno, que separaba el mundo romano de las tribus bárbaras.

Salomé

Otras lenguas   *Catalán, gallego*: Salomé; *vasco*: Xalome, Salome. *Inglés*: Salome; *francés*: Salomé; *alemán, italiano*: Salome.

Onomástica   22 de octubre.

Origen y significado   Se considera el femenino de Salomón; pero también es probable que sea una helenización de la palabra hebrea, *Shalem*, completo, perfecto.

Características   Es reservada y tímida; en su trabajo es ordenada y paciente, no le gustan las reuniones bulliciosas, ni estar en lugares con mucha gente, prefiere la soledad y los sitios aislados.

Anécdota   En la Biblia, Salomé es la hermana de Herodes y pide que le traigan la cabeza de San Juan Bautista en una bandeja de plata, cosa que le fue satisfecha.

Salomón

Otras lenguas   *Catalán*: Salomó; *gallego*: Salomón. *Inglés*: Solomon; *francés, italiano*: Salomon; *alemán*: Salomone; *árabe*: Suleiman.

Onomástica 13 de marzo.

Origen y significado Del hebreo *shelomó*, pacífico.

Características Es reflexivo y racional, prefiere los trabajos intelectuales y de estudio; es muy honesto y con un gran sentido de la justicia. Le gusta reunirse y charlar con sus amigos, con quienes comparte sus dudas y conflictos.

Anécdota Es célebre el rey Salomón de la Biblia, que aparece como una persona muy sabia y un rey justo.

Personajes célebres Salomón Ben Gabirol Aviceron, filósofo español neoplatónico.

Salvador

Otras lenguas *Catalán*: Salvador; *vasco*: Xabat, Xalba, Gaizka. *Italiano*: Salvatore.

Diminutivos Salva.

Onomástica 18 de marzo.

Origen y significado Nombre alusivo a Cristo.

Características Es muy tranquilo y equilibrado, con un gran don de gentes, resulta fácil sentirse cómodo en su compañía. Se interesa por temas humanitarios y sociales y puede conseguir grandes cosas si se siente motivado.

Anécdota Comenzó a usarse entre los primeros cristianos como una forma de aludir a Cristo, ya que el uso del nombre Jesús se consideraba irreverente.

Personajes célebres Salvador Dalí, pintor catalán; Salvador Allende, político chileno; Salvador Espriu, poeta catalán.

Samuel

Femenino Samanta.

Diminutivos Sam, Sammy.

Onomástica 20 de agosto.

Origen y significado Del hebreo *samu'el*, Dios escucha.

Características Es estricto, autoritario y dominante, le gusta mandar y dirigir y sabe hacerlo bien, pero en el fondo también es tierno y sensible; desea ayudar a los demás y colaborar en tareas sociales.

Anécdota El tío Sam es el nombre alegórico de los Estados Unidos por el juego entre las siglas U. S. y Uncle Sam.

Personajes célebres Samuel Beckett, novelista y dramaturgo irlandés; Samuel Morse, fue el inventor de este lenguaje telegráfico, Samuel Goldwing, productor cinematográfico.

Sancho

Otras lenguas *Catalán*: Sanç.

Onomástica 5 de julio.

Origen y significado Del latín *sanctus*, santo.

Características Es alegre, extrovertido y divertido, es fácil que sea el centro de reuniones y fiestas; también sabe ser serio y responsable en su trabajo; disfruta sintiéndose útil.

Anécdota Era un nombre muy común en la Edad Media; lo llevaron varios reyes de Castilla y León; hoy en día ha perdido popularidad y es menos frecuente.

Personajes célebres Sancho Panza, el famoso compañero de aventuras de Don Quijote en la novela de Cervantes; Sancho III el Grande, rey de Navarra y Conde de Aragón.

Santiago

Otras lenguas *Catalán*: Santiago; *vasco*: Xanti; *gallego*: Santiago, Iago. *Portugués*: Tiago.

Diminutivos Santi, Yago.

Onomástica 25 de julio.

Origen y significado Aglutinación de San Jacobo, que se abreviaba como San Yago, dando lugar a este nombre.

Características Es dinámico y práctico, muy emprendedor, le gusta ser su propio jefe ya que no soporta la autoridad ni que le manden; es muy capaz cuando se siente motivado y le interesan los temas sociales.

Anécdota *Sancte Iacobe*, San Yago en latín, era el grito de guerra de los caballeros medievales cristianos, ya que Jacobo había sido el apóstol evangelizador de España.

Personajes célebres Santiago Dexeus, tocoginecólogo catalán; Santiago Rusiñol, autor teatral catalán; Santiago Segura, actor de cine.

Sara

Otras lenguas *Catalán, gallego*: Sara. *Inglés, francés, alemán*: Sarah; *italiano*: Sara.

Diminutivos Sally, en inglés.

Onomástica 13 de julio.

Origen y significado Del hebreo *Sarah*, princesa.

Características Es franca y directa, muy abierta y sociable, disfruta con los trabajos relacionados con la comunicación y las relaciones públicas; es muy sentimental, inteligente y apresurada, su defecto es tener siempre prisa y muy poca paciencia.

Anécdota Sara es, en la Biblia, la esposa de Abraham; en un principio su nombre era *Saray*, querellante, pero Yavé propuso cambiarlo por *Sarah*, princesa.

Personajes célebres Sarah Bernhardt, actriz francesa; Sara Montiel, actriz y cantante española; Sarah Ferguson estuvo casada con el Duque de York.

Sebastián

Otras lenguas *Catalán*: Sebastià; *vasco*: Sebaste; *gallego*: Sebastián. *Inglés*, *alemán*: Sebastian; *francés*: Sébastien; *italiano*: Sebastiano.

Diminutivos Sebas, Bastián.

Onomástica 20 de enero.

Origen y significado Del griego *sebastós*, digno de respeto, venerable.

Características Es organizado y metódico, le gusta mucho cuidarse y es elegante por naturaleza; le es muy fácil adaptarse y por eso es muy eficaz trabajando en grupo o en equipo. Aunque es muy maleable, tiene las ideas muy claras y sabe lo que quiere.

Anécdota Este nombre se generalizó a partir de San Sebastián el mártir del siglo III que murió acribillado por flechas. Este nombre es muy popular como lo demuestra la ciudad de San Sebastián y también Sebastopol, de *Sebastopolis*, o sea ciudad de Sebastián.

Personajes célebres Johann Sebastian Bach, compositor y músico alemán; Sebastián Caboto, navegante veneciano.

Segismundo

Otras lenguas   *Catalán*: Segimon; *vasco*: Sekismunda; *gallego*: Sexismondo, Sismundo. *Inglés*, *francés*: Siegmund; *alemán*: Sigmund; *italiano*: Sigismondo.

Variantes   Sigismundo, Sigmundo.

Onomástica   1 de mayo.

Origen y significado   Del germánico *sieg-mund*, el que protege la victoria.

Características   Es enérgico y dinámico, tiene un carácter fuerte y sufre repentinos cambios de humor. Está dotado para mandar y dirigir, es autoritario y disciplinado; pero en el fondo es un hombre bastante emotivo y sentimental.

Anécdota   Era un nombre muy común en Centroeuropa; fue llevado por emperadores y nobles. En España se hizo popular por el protagonista de la obra de Calderón de la Barca, *La vida es sueño*.

Personajes célebres   Segismundo I, emperador del siglo XV; Sigmund Freud, fundador del psicoanálisis.

Segundo

Otras lenguas   *Catalán*: Segon; *gallego*: Segundo.

Variantes   Secundo, Secundio, Secundino, Secundario, Secundiano, Secundilo.

Onomástica   9 de enero.

Origen y significado   Del latín *secundus*, segundo.

Características   Es tímido y reservado, le gustan las actividades solitarias y los trabajos detallistas; es ordenado y metódico y muy eficiente en las tareas laboriosas.

Anécdota   Era un nombre que se ponía a los hijos nacidos en segundo lugar, o segundones.

Personajes célebres   San Segundo es el patrón de Ávila.

Serafín

Otras lenguas   *Catalán*: Serafí; *vasco*: Serapin. *Inglés*: Seraphin; *francés*: Séraphin; *alemán*: Seraph; *italiano*: Serafino.

Diminutivos   Sera.

Onomástica   12 de octubre.

Origen y significado   Del hebreo *saraf*, serpiente.

Características   Es inteligente y ordenado, posee una gran facilidad para asimilar conocimientos; en el trabajo es muy eficaz en las colaboraciones y los trabajos en grupo; sabe hacer valer sus ideas y su trabajo.

Anécdota   Este nombre alude a la serpiente de bronce que era un amuleto curativo utilizado por el pueblo judío en el Arca de la Alianza.

Personajes célebres   Serafí Pitarra, escritor catalán; Serafín Álvarez Quintero, escritor castellano.

Sergio

Otras lenguas   *Catalán, vasco*: Sergi; *gallego*: Serxio. *Inglés, alemán*: Sergius; *francés*: Serge; *italiano*: Sergio; *ruso*: Serguéi.

Onomástica   24 de febrero.

Origen y significado   De origen etrusco, en latín evolucionó como *Sergius*, su significado es dudoso aunque se relaciona con guardián.

Características   Puede parecer frío y distante, quizás algo engreído, pero en realidad es timidez y reserva porque es una persona insegura y desconfiada; cuando se siente cómodo es muy sociable y divertido, perdiendo todo su aspecto de altivez y distancia.

Anécdota San Sergio era torpe y perezoso hasta que recibió la visita de un ángel, a partir de entonces se volvió muy activo y colaborador. Se hizo religioso y fundó un templo cerca de Moscú en honor a la Santísima Trinidad.

Personajes célebres Serguéi Prokofiev, compositor ruso; Sergio Leone, director de cine italiano, famoso por sus *Spaguetti Westerns*, Sergi Bruguera, tenista catalán.

Severo

Otras lenguas *Catalán*: Sever.

Variantes Severiano, Severino, Severa.

Diminutivos Seve.

Onomástica 7 de agosto.

Origen y significado Del latín *severus*, severos, serio, austero.

Características Se encuentra dividido entre una tendencia a la reflexión, la contemplación y la atracción por la mística y la religión, y otra tendencia a la actividad, el dinamismo y el cambio. Por eso es frecuente verlo cambiar radicalmente de actividad o de forma de vida.

Anécdota San Severo fue obispo de Barcelona en el siglo IV y luego fue martirizado.

Personajes célebres Severo Ochoa, científico, recibió el Premio Nobel en 1959; Severiano Ballesteros, jugador de golf.

Sigfrido

Otras lenguas *Catalán*: Sigfrid. *Inglés, francés, alemán*: Siegfried.

Variantes   Sifrido, Sigifrido, Sigrid (f).

Onomástica   22 de agosto.

Origen y significado   Del germánico *sieg-frid*, victorioso pacificador.

Características   Es reservado y muy independiente, para él lo principal es su libertad, no soporta la autoridad por lo que busca prosperar o emanciparse. Es emprendedor y ordenado, le gusta pensar mucho las cosas antes de decidirse, pero cuando toma una decisión es tenaz y perseverante.

Anécdota   Es un nombre muy común en los países nórdicos, ya que es el héroe de la epopeya de los Nibelungos.

Silvia/Silvio

Otras lenguas   *Catalán*: Sílvia; *vasco*: Silbe; *gallego*: Silvia. *Inglés*: Silvia; *francés*: Sylvie; *alemán, italiano*: Silvia.

Onomástica   Silvia 3 de noviembre, Silvio 21 de abril.

Origen y significado   Del latín *silva*, bosque.

Características   En ella se mezclan una parte independiente y otra dependiente, que normalmente logra equilibrar mostrándose fuerte y dura en algunos aspectos de su vida y siendo más sensible y amable en otros.

Anécdota   Este nombre se aplicaba como sobrenombre a *Rhea Silvia*, la madre de Rómulo y Remo, los míticos fundadores de Roma.

Personajes célebres   Silvio Rodríguez, cantante; Silvia Munt, actriz catalana; Silvio Berlusconi, empresario italiano.

Simeón

Otras lenguas   *Catalán*: Simeó; *vasco*: Simone; *gallego*: Simeón. *Inglés*: Simeon; *francés*: Siméon; *italiano*: Simenone.

Variantes   Simon, Ximeno, de donde viene Jimeno, Simona.

Onomástica   28 de octubre.

Origen y significado   Del hebreo *samá*, Dios me ha escuchado, aunque también se le da el significado de «el que escucha».

Características   Es un gran amante de la familia y la vida en el hogar, sabe disfrutar de las cosas sencillas y tiene muy claras sus prioridades; eso lo convierte en una persona muy responsable y en quien se puede confiar.

Anécdota   San Simeón fue uno de los discípulos de Jesús, que llegó a ser obispo de Jerusalén y murió crucificado.

Personajes célebres   Simeón fue rey de Bulgaria de 1943 a 1948; Simone de Beauvoir, fue una gran escritora francesa compañera de Sartre; Simone Signoret, actriz francesa.

Simón

Otras lenguas   *Catalán*: Simó.

Femenino   Simona.

Onomástica   28 de octubre.

Origen y significado   Variante de Simeón, el que escucha.

Características   Es una persona muy generosa y abnegada, se interesa por los problemas de los demás y es fácil verla relacionada con temas sociales y humanitarios; es muy sensible y emotiva.

Anécdota   Era el nombre del apóstol, al cual Jesús llamó Pedro.

Personajes célebres   Simón Bolívar, militar que lideró el movimiento de independencia sudamericana; Shimon Peres, político israelí que obtuvo el Premio Nobel de la Paz en 1944.

Sofía

Otras lenguas   *Catalán, gallego*: Sofia; *vasco*: Sope. *Inglés*: Sophia, Sophe, Sophy; *francés*: Sophie; *alemán*: Sophia; *italiano*: Sofia.

Onomástica   28 de septiembre.

Origen y significado   Del griego *sophia*, sabiduría.

Características   Es muy extremada en sus actitudes y sus cambios de humor, por lo que resulta desconcertante e impredecible.

Anécdota   El emperador Justiniano erigió la basílica de Santa Sofía en Constantinopla (actual Estambul) a la gloria de la «sabiduria de Dios».

Personajes célebres   Sofia Loren, actriz italiana; la reina Sofía de España.

Sol

Otras lenguas   *Catalán, gallego*: Sol; *vasco*: Eguzki.

Onomástica   3 de diciembre.

Origen y significado   Del latín *sol*, el astro y el dios.

Características   Es muy emotiva y sensible, le gusta la tranquilidad y la vida familiar; muy generosa, es capaz de dejarlo todo para ayudar a alguien que la necesita.

Anécdota   En un principio este nombre era utilizado como masculino, pero luego se relacionó con la Virgen del Sol o de la Soledad y se usa como femenino. Es muy común en nombres compuestos como Marisol.

Personajes célebres   Marisol, cantante y actriz en la infancia.

Soledad

Otras lenguas   *Catalán*: Soledat; *vasco*: Bakarne; *gallego*: Soledade.

Diminutivos   Sol, Sole.

Onomástica   11 de octubre o Viernes Santo.

Origen y significado   Advocación mariana que alude a la soledad de la Virgen durante la Pasión de Jesús.

Características   Es enérgica y trabajadora, es muy ambiciosa y desea tener comodidades materiales y económicas. Es paciente y obstinada.

Anécdota   Existe una Santa Soledad que fue la fundadora de las Servidoras de María.

Sonia

Otras lenguas   *Catalán*: Sònia; *vasco*: Xonia.

Onomástica   25 de mayo.

Origen y significado   Forma rusa de Sofía que con el tiempo se ha convertido en un nombre independiente.

Características   Es alegre y dinámica, le gustan las reuniones sociales y las fiestas; pero también puede ser seria y responsable si es necesario.

Personajes célebres   Sonia Gaskell, profesora de ballet rusa.

Susana

Otras lenguas   *Catalán*: Susanna; *vasco*: Susana; *gallego*: Xusana. *Inglés*: Susan, Susannah; *francés*: Suzanne; *alemán*, *italiano*: Susanna.

Diminutivos   Susi, Sue, Susie.

Onomástica   19 de septiembre .

Origen y significado   Del hebreo *shushannah*, lirio gracioso.

Características   Ha nacido para amar, es alegre y cariñosa; siempre se muestra muy generosa y dispuesta a ayudar a los demás. Es muy tranquila y desprende calma, en el trabajo es paciente y meticulosa.

Anécdota   Santa Susana fue estrangulada por el hombre a quien había rechazado como marido.

Personajes célebres   Susan Sarandon, actriz estadounidense; Susana Estrada, actriz española de la época del destape; Susan Sontag, escritora norteamericana.

Tamar

Otras lenguas   *Catalán*: Tàmar, Tamar, Tamara; *gallego*: Tamara.

Variantes   Tamara.

Onomástica   15 de octubre.

Origen y significado   Del hebreo *thamar*, palmera.

Características   Es una persona muy dinámica y nerviosa, le gusta ser siempre el centro de atención; pero tiene repentinos cambios de humor que la pueden sumir en momentos de tristeza o depresión. Si se siente segura y estable, es menos nerviosa y más alegre.

Anécdota Es el nombre de un personaje bíblico, Tamar, que era la hija de David, y fue violada por su hermano Amón.

Tania

Otras lenguas *Catalán*: Tània.

Onomástica 12 de enero.

Origen y significado Abreviación de Tatiana, forma rusa del nombre Taciana. Proviene del gentilicio de Tacio.

Características Es reservada y tímida, le cuesta mucho abrirse a persona desconocidas o de poca confianza. Prefiere la soledad y las labores solitarias.

Anécdota Es el gentilicio de Tacio, que era uno de los reyes sabinos que reinó con el mítico Rómulo.

Tatiana

Otras lenguas *Ruso*: Tatjana.

Variantes Taciana, Tania.

Diminutivos Tati.

Onomástica 12 de enero.

Origen y significado Forma rusa de Taciana, gentilicio de Tacio; también puede estar relacionado con la voz infantil *tata*, padre.

Características Es una mujer independiente y amante de la libertad, busca reconocimiento profesional y prosperar en su trabajo; por eso no deja de ser una amante de la familia y una madre abnegada.

Tecla

Otras lenguas *Catalán*: Tecla; *vasco*: Tekale; *gallego*: Tegra. *Inglés, alemán*: Thekla; *italiano*: Tecla.

Onomástica 23 de septiembre.

Origen y significado Del griego *Théos-kleos*, gloria de Dios.

Características Es prudente y reservada; le gustan las tareas que requieren gran detalle y precisión, para las que tiene habilidad y paciencia. En la vida social es tímida, pero se muestra divertida y alegre cuando está en un ambiente cómodo.

Anécdota Santa Tecla fue convertida por San Pablo y sufrió tormento por su fe varias veces durante su vida. Murió de forma natural a los noventa años.

Teodoro

Otras lenguas *Catalán*: Teodor; *vasco*: Todor. *Inglés*: Theodore; *francés*: Théodore; *alemán*: Theodor; *italiano*: Toedoro, *ruso*: Feodor.

Variantes Doroteo (formado por los mismos elementos en orden inverso), Teodora.

Diminutivos Teo, Doro, Teddy.

Onomástica 20 de abril.

Origen y significado Del griego *Theodoros*, don de Dios.

Características Muestra dos tendencias: una activa, dinámica y enérgica, y otra pasiva, contemplativa y algo mística. Por eso puede pasar rápidamente de una gran actividad a un período de pasividad y reflexión.

Anécdota Es un nombre muy popular, que han llevado varios santos, emperadores y reyes de la Edad Media. Además el apellido Tudor, llevado por una familia real inglesa, deriva del mismo origen que Teodoro.

Personajes célebres   Teodora, esposa de Justiniano, emperador de Oriente en el siglo VI; Feodor Dostoievski, escritor ruso; Theodor Roosevelt, presidente de los Estados Unidos a principios del siglo XX.

Terencio

Otras lenguas   *Catalán*: Terenci, Trens;   *vasco*: Terentzi; *gallego*: Terencio. *Inglés, francés*: Terence;   *italiano*: Terencio.

Diminutivos   Terry.

Onomástica   18 de abril.

Origen y significado   Del latín *Terentius*, era el nombre de una familia romana; proviene de *teres*, delicado, tierno.

Características   Es muy elegante y seductor, con un gran carisma personal, destaca en los trabajos de comunicación. Es muy generoso y leal, llegando a ser totalmente abnegado y altruista.

Anécdota   Este nombre proviene de la palabra latina *terentum*, que era el campo de Marte donde se celebraban los juegos y ejercicios bélicos.

Personajes célebres   Terenci Moix, escritor catalán; Terence Stamp, actor británico.

Teresa

Otras lenguas   *Catalán*: Teresa; *vasco*: Terese; *gallego*: Tareixa, Tereixa. *Inglés*: Teresa, Theresa; *francés*: Thérèse; *alemán*: Theresia, Therese; *italiano*: Teresa.

Variantes   Teresina, Teresita.

Diminutivos   Tere, Tesi, Tesa.

Onomástica   15 de octubre.

Origen y significado Forma femenina de *Tharesios*, nombre de un adivino mitológico. Su significado se desconoce.

Características Es emprendedora y dinámica, le gusta destacar en su trabajo, cosa que casi siempre consigue. Su visión del mundo es esquemática, todo es o blanco o negro. También es generosa y muy humana.

Anécdota El uso de este nombre se generalizó en España a partir de la figura de Santa Teresa de Jesús.

Personajes célebres Madre Teresa de Calcuta, misionera en la India de origen albanés; Teresa de Berganza, cantante de ópera.

Tomás

Otras lenguas *Catalán*: Tomàs; *vasco*: Toma, Tomax; *gallego*: Tomás. *Inglés*, *francés*, *alemán*: Thomas; *italiano*: Tomaso.

Variantes Tomaso, Tomasa.

Diminutivos Tom, Tommy.

Onomástica 28 de enero.

Origen y significado Nombre del Nuevo Testamento, del arameo *Thoma*, gemelo, mellizo.

Características Es muy enérgico y combativo, tiene un gran sentido de la justicia y la lealtad que defiende contra viento y marea, destaca en labores como la política, la comunicación y el deporte.

Anécdota Es un nombre muy común con diversos santos destacados, entre ellos Santo Tomás de Aquino o Santo Tomás Beckett.

Personajes célebres Tomás Moro, escritor y filósofo inglés; Thomas Edison, inventor estadounidense; Tomás de Torquemada, inquisidor castellano; Thomas Jefferson, político estadounidense.

Trinidad

Otras lenguas   *Catalán*: Trinitat; *vasco*: Irune; *gallego*: Trinidade.

Diminutivos   Trini.

Onomástica   El domingo después de Pentecostés.

Origen y significado   Hace referencia a la «reunión de tres» que representa al Dios cristiano, del latín *trinitas*.

Características   Se encuentra dividida entre una tendencia generosa, altruista y abnegada y otra egocéntrica, ambiciosa y autoritaria; puede conseguir equilibrarlas y aprovechar ambas si se dedica a trabajos humanitarios o sociales, donde puede ocupar cargos directivos y de responsabilidad con mucho éxito.

Anécdota   Este nombre puede ser utilizado como masculino y como femenino.

Personajes célebres   Maritrini, cantante popular.

Ulises

Otras lenguas   *Catalán*: Ulisses; *gallego*: Ulises. *Inglés*: Ulysses; *francés*: Ulysse; *italiano*: Ulisse.

Onomástica   No tiene.

Origen y significado Nombre del héroe mitológico de *La Odisea*; es una latinización del nombre original que era *Odysseus*, el que hace camino.

Características Es reservado y tímido, pero cuando tiene algo de confianza se muestra divertido y alegre, llegando a ser muy ocurrente. En su profesión es serio, responsable y organizado.

Anécdota *La Odisea* es una de las obras maestras de la literatura universal; escrita por Homero en el siglo IX a. C., sigue siendo uno de los clásicos de todos los tiempos y una obra de referencia. Muchos libros posteriores lo toman como modelo o inspiración, como es el caso del *Ulysses* de James Joyce.

Personajes célebres Ulysses Grant, general en la Guerra de Secesión de los Estados Unidos.

Urbano

Otras lenguas *Catalán*: Urbà; *vasco*: Urban; *gallego*: Urbano. *Inglés*: Urban; *francés*: Urbain; *alemán*: Urbanus; *italiano*: Urbano.

Variantes Urbe, Úrbico, Urbicio.

Onomástica 30 de julio.

Origen y significado Del latín *urbanus*, de la ciudad, en el sentido de pulido, bien educado.

Características Es ordenado y metódico, le gustan los trabajos detallistas y es muy cuidadoso; puede parecer huraño, pero es debido a su timidez y falta de confianza.

Anécdota En la mitología griega, Urbano era el padre de Saturno y el dios del cielo.

Personajes célebres Era un nombre muy común entre los Papas, existen varios con este nombre; Urbano II organizó unas cruzadas y Urbano III fue Papa de Aviñón.

Úrsula

Otras lenguas   *Catalán*: Úrsula; *vasco*: Urtsule. *Inglés*, *alemán*, *italiano*: Ursula; *francés*: Ursule.

Variantes   Ursulina, Ursino, Ursicio, Ursión.

Onomástica   21 de octubre.

Origen y significado   Del latín *ursus*, oso; Úrsula significa osita.

Características   Es seductora y elegante, posee un encanto natural, destaca en todos los trabajos relacionados con la comunicación y las relaciones públicas; pese a parecer frívola también es sensible, emotiva y muy tierna.

Anécdota   Según la leyenda, Santa Úrsula encabezaba un grupo de once mil vírgenes que fueron exterminadas por los hunos en Colonia en el siglo III. Parece ser que el número es una exageración y hoy en día se cree que eran sólo once.

Personajes célebres   Ursula Andress, actriz de cine.

Valentín

Otras lenguas   *Catalán*: Valentí;   *vasco*: Balendin; *gallego*: Valentín, Ventín. *Inglés*, *francés*: Valentine; *alemán*: Valentin; *italiano*: Vallentino.

Variantes   Valentina, Valente.

Onomástica   14 de febrero.

Origen y significado Es el gentilicio de Valente, del latín *valens*, valeroso.

Características Es muy idealista y soñador, desea crear un mundo mejor, por lo que es común verlo relacionado con labores sociales y humanitarias. Su defecto es la dispersión, que hace que pronto se canse de lo que está haciendo y lo abandone sin terminarlo.

Anécdota San Valentín es el patrón de los enamorados en el mundo anglosajón, pero hoy en día también se celebra en España y algunos países de Hispanoamérica.

Personajes célebres Valentí Almirall, escritor catalán.

Valerio/Valeria

Otras lenguas *Catalán*: Valeri; *vasco*: Baleri; *gallego*: Valerio. *Inglés*: Valeri (f); *francés*: Valère/Valérie; *alemán*: Valerius; *italiano*: Valerio.

Variantes Valero, Valeriano, Valentín, Valentiniano, Valente.

Onomástica Valeria 9 de diciembre, Valerio 28 de noviembre.

Origen y significado Del latín *valerus*, que vale, sano.

Características Es paciente, reservado y tranquilo; es excesivamente tímido, y le cuesta mucho hacer amigos, prefiere la soledad y la autonomía; también es una persona muy práctica y racional, que siempre tiene los pies en el suelo.

Anécdota San Valerio fue obispo de Zaragoza y fue condenado al exilio. Es muy venerado en Lérida.

Personajes célebres Valery Giscard d'Estaing, político francés.

Vanesa

Variantes Vanessa.

Onomástica 1 de noviembre.

Origen y significado El poeta Jonathan Swift lo creó como diminutivo de Esther Vanhomringh, uniendo la primera sílaba del apellido con un diminutivo de Esther.

Características Es muy seductora y coqueta, con una gran facilidad para relacionarse con la gente y comunicarse; pero no es frívola, se interesa por los temas espirituales y la meditación.

Anécdota Con el tiempo este nombre ha ido ganando popularidad, hoy en día es muy común en los países de habla inglesa y empieza a ser frecuente en los de habla hispana.

Personajes célebres Vanessa Redgrave, actriz de cine.

Vasco

Otras lenguas *Catalán*: Vasc.

Onomástica No tiene.

Origen y significado Gentilicio del grupo étnico de los vascones.

Características es emprendedor y aventurero, un gran amante del riesgo, que no soporta la vida apacible y la tranquilidad; es muy inquieto y activo.

Anécdota También se usa como contracción del nombre Velasco.

Personajes célebres Vasco Núñez de Balboa, descubridor extremeño; Vaso da Gama, navegante portugués.

Ventura

Otras lenguas *Catalán, gallego*: Ventura.

Onomástica 3 de mayo.

Origen y significado Del latín *venturum*, lo que ha de venir.

Características Es una persona alegre y divertida, valora mucho la franqueza y la sinceridad y es un amigo fiel y generoso. Le gusta disfrutar de la buena compañía y de los placeres de la vida.

Anécdota En la tradición romana es un nombre de buen agüero; también se usa como diminutivo de Buenaventura.

Personajes célebres Ventura Pons, director de cine catalán.

Verónica

Otras lenguas *Catalán*: Verònica; *vasco*: Beronique. *Inglés*: Veronia; *francés*: Véronique; *alemán*: Veronika; *italiano*: Veronica.

Onomástica 9 de julio.

Origen y significado Del griego *vera-eikon*, imagen auténtica.

Características Es una mujer idealista y soñadora, muy independiente y adora su libertad; es generosa y le gusta participar en labores sociales. En el mundo laboral es práctica y decidida.

Anécdota Este es el nombre que llevaba la mujer que limpió la cara de Jesús en la Pasión. También es una deformación de Berenice.

Personajes célebres Las actrices Veronica Lake y Verónica Forqué.

Vicente

Otras lenguas *Catalán*: Vicent, Vicenç; *vasco*: Bingen, Bikeldi, Bixente; *gallego*: Vincenzo. *Inglés, francés, alemán*: Vincent; *italiano*: Vincenzo.

Variantes Vicencio, Vicenta.

Diminutivos Tete, Vince, Vinnie, Enzo.

Onomástica 22 de enero.

Origen y significado Del latín *vincens*, vencedor.

Características Es enérgico y obstinado, disfruta con la autoridad, también es práctico y prudente, piensa mucho antes de decidirse o de tomar una decisión.

Anécdota San Vicente de Paul, fue fundador de diversas corporaciones religiosas para ayudar a los pobres.

Personajes célebres Vincent van Gogh, pintor expresionita holandés; Vicenç (Tete) Montoliu, pianista catalán; Vincent Price, actor especializado en personajes de terror; Vicente Aleixandre, poeta castellano.

Víctor/Victoria

Otras lenguas *Catalán, gallego*: Víctor; *vasco*: Bitor, Bittori. *Inglés, francés, alemán*: Victor; *italiano*: Vittore.

Variantes Victorio, Victorino, Victoriano, Victricio, Vitores.

Onomástica 28 de julio.

Origen y significado Del latín *víctor*, vencedor.

Características Es sociable y abierto, muy buen comunicador, está capacitado para dirigir y mandar; es prudente y responsable; desea, ante todo, mantener su independencia. Le gusta la vida en familia y la tranquilidad.

Anécdota En la tradición cristiana hace referencia a la victoria de Jesús sobre el pecado.

Personajes célebres La reina Victoria de Inglaterra caracterizó toda una época conocida como victoriana; Victor Hugo, escritor francés; Vittorio de Sica, director de cine italiano; Vittorio Gassman, actor de cine y teatro italiano.

Vidal

Otras lenguas *Catalán, gallego*: Vidal; *vasco*: Bidal. *Italiano*: Vitale.

Variantes Vital, Vidalidades.

Onomástica 2 de julio.

Origen y significado Del latín *vitalis*, vital, sano, que tiene vida.

Características Es alegre y activo, le gusta estar ocupado, los cambios y viajes. No soporta la autoridad, ni sentirse atado o atrapado. Adora su libertad, le gustan los espacios abiertos y las actividades al aire libre.

Anécdota San Vidal fue un mártir del siglo IV.

Violeta

Otras lenguas *Catalán*: Violeta. *Inglés*: Violet; *francés*: Violette, Yolette; *italiano*: Violetta.

Variantes Viola.

Diminutivos Iola.

Onomástica 4 de agosto.

Origen y significado Del latín *viola*, violeta. En la tradición cristiana esta flor representa la virtud de la modestia.

Características Es seria y tranquila, desprende una sensación de quietud y equilibrio, es muy responsable y consciente de sus deberes; también generosa y altruista.

Anécdota Es un nombre muy popular en Escocia.

Personajes célebres Violeta Parra, cantante y poetisa chilena; Violeta Barrios de Chamorro, política nicaragüense.

Virginia

Otras lenguas *Catalán*: Virgínia. *Inglés*: Virginia; *francés*: Virginie; *italiano*: Virginia.

Masculino Virginio.

Diminutivos Virgy, Ginger.

Onomástica 21 de mayo.

Origen y significado Del latín *virginius*, virginal.

Características Es emprendedora y dinámica, también es ambiciosa y autoritaria, por lo que no es extraño verla en puestos directivos; también es sensible y emotiva.

Anécdota Uno de los estados de Estados Unidos lleva este nombre en honor a la Reina Isabel I de Inglaterra, que era conocida como la reina virgen, a causa de su celibato.

Personajes célebres Virginia Wolf, escritora inglesa; Virginia Mayo, actriz de cine norteamericana.

Viviano

Otras lenguas *Catalán*: Vivià; *vasco*: Bibiñe (f). *Francés*: Vivien/ Viviane; *italiano*: Viviano.

Variantes En femenino cambia su grafía por Bibiana.

Onomástica 28 de agosto.

Origen y significado Del latín *vivianus*, gentilicio relacionado con *virus*, vivo, vital.

Características Es tranquilo y reservado, le gusta la vida apacible y relajada; en su trabajo es responsable y cumplidor.

Anécdota   San Viviano fue un obispo francés mártir del siglo V.

Personajes célebres   Bibi Andersen, actriz española.

Vladimiro

Otras lenguas   *Catalán*: Vladimir. *Alemán*: Wladimir; *italiano*: Vladimir.

Onomástica   15 de julio.

Origen y significado   Del eslavo *vladi*, señor y *mir*, mundo, o sea, señor del mundo.

Características   Es obstinado y testarudo, muy autoritario y enérgico; es frecuente verlo en cargos directivos, ya que es ambicioso y si desea ascender, lo conseguirá. También es generoso y emotivo, cuando se lo conoce bien.

Anécdota   Este nombre de origen ruso fue introducido en el resto de Europa por San Vladimiro, apóstol de los rusos en el siglo X.

Personajes célebres   Vladimir Nabokov, escritor norteamericano de origen ruso; Vladimir Tatlin, arquitecto y pintor ruso.

Walter

Otras lenguas   *Catalán*: Walter, Gualter. *Inglés, francés, alemán, italiano*: Walter.

Variantes   Gualter, Gualterio, Gutierre.

Onomástica 2 de agosto.

Origen y significado Del germánico *wald-hari*, caudillo del ejército.

Características Es muy enérgico y activo, no soporta estar sin hacer nada; también es reservado e introvertido, aunque cuando se siente cómodo en un ambiente se muestra más abierto y conversador.

Personajes célebres Walter Scott, escritor escocés famoso por sus novelas de ambientación histórica; Walt Disney, productor cinematográfico estadounidense, sus películas son vistas por los niños de todo el mundo; Walter Mathau, actor de cine norteamericano.

Xenia

Otras lenguas *Catalán*: Xènia.

Onomástica 25 de diciembre.

Origen y significado Del griego *xenos*, extranjero, huésped; se entiende como la que recibe a un huésped, hospitalaria.

Características Es introvertida, muy idealista y soñadora, le gusta evadirse de la realidad en un mundo de fantasía; sobre todo busca la estabilidad emocional y la seguridad.

Anécdota Este nombre también se considera el femenino de Xènius, un diminutivo de Eugenio en catalán; de esta forma sería un equivalente a Eugenia.

Yago

Otras lenguas *Catalán, gallego*: Iago. *Italiano*: Iago.

Variantes Yagüe.

Onomástica 25 de julio.

Origen y significado Variante de Jacobo (de Jacob, a Jaco, Jago y final-mente Yago).

Características Es sociable y extrovertido, le encantan las reuniones y las fiestas, donde suele mostrarse divertido y ocurrente. En el trabajo es organizado, responsable y serio.

Anécdota Es el nombre de uno de los personajes de *Otelo*, el drama de Shakespeare.

Yasmina

Otras lenguas *Catalán*: Jasmina. *Inglés, francés, alemán*: Jasmina.

Variantes Jasmina.

Onomástica No tiene.

Origen y significado Nombre árabe que significa jazmín, derivado del persa *yasaman*.

Características Es inteligente, seductora y creativa; destacará en cual-quier trabajo relacionado con el arte y la comunicación; también es prácti-ca y adaptable a cualquier situación.

Anécdota   Este nombre fue bastante frecuente durante el siglo XVIII; luego pasó a ser muy original, y hoy en día vuelve a ser más común.

Yolanda

Otras lenguas   *Catalán*: Violant; *gallego*: Iolanda. *Francés*: Yolande.

Diminutivos   Yoli.

Onomástica   17 de diciembre.

Origen y significado   Variante de Violante, o sea, Violeta.

Características   Muy trabajadora y tenaz, es una gran mediadora y siempre destacará en los trabajos en equipo, donde sabe coordinar y organizar; es muy emotiva y sentimental.

Anécdota   Este nombre se popularizó porque lo llevaba una de las hijas del rey de Italia, Víctor Manuel III.

Zacarías

Otras lenguas   *Catalán*: Zacaries; *vasco*: Zakari. *Inglés*: Zachariah, Zachary; *francés*: Zacharie; *alemán*: Zacharias; *italiano*: Zaccaria.

Variantes   Zaqueo.

Diminutivos   Zack, Zacky.

Onomástica   5 de noviembre.

Origen y significado   Del hebreo *Zejaryah*, Dios se acuerda.

Características   Es tímido y reservado, le gusta la soledad y la independencia. Se interesa por temas espirituales y religiosos, y es muy dado a la reflexión y la introspección.

Anécdota   Es un nombre común entre los grandes patriarcas bíblicos, el más célebre fue castigado por incrédulo a la mudez temporal.

Personajes célebres   Zachariah Taylor fue presidente de los Estados Unidos en el siglo XIX.

Nombres en otras lenguas oficiales de España
y su equivalencia con el castellano

Nombres catalanes

Nombres masculinos

Anton, Antoni	Antonio
Arnau	Arnaldo
Baldiri, Boi	Baudilio
Benet	Benito
Berenguer	Berengario
Bernat	Bernardo
Blai, Blasi	Blas
Blanquerna	(Sin equivalente). Personaje creado por Ramon Llull, parece derivado del latín *blandus*, suave.
Claris	(Sin equivalente). Nombre alusivo a Pau Claris, héroe catalán del siglo XVII en la guerra contra Castilla. Del latín *clarus*, ilustre.
Cristòfol	Cristóbal
Cugat	Cucufate
Dalmai, Dalmau	Dalmacio
Domènec	Domingo
Ermengol	Hermenegildo
Esteve	Esteban
Feliu	Félix
Ferran	Fernando
Guillem	Guillermo

Jeroni	Jerónimo
Lleïr	Licerio
Llorenç	Lorenzo
Manel	Manuel
Marcel·lí	Marcelino
Medir	Emeterio
Melcior	Melchor
Muç	Mucio
Pau, Pol	Pablo
Pere	Pedro
Quirze	Quirico
Roger	Rogelio
Sadurní	Saturnino

Nombres femeninos

Agnès	Inés
Anaís	Anais
Anna	Ana
Beatriu	Beatriz
Caterina	Catalina
Cecília	Cecilia
Consol	Consuelo
Elisabet	Isabel
Emma	Manuela
Estefania	Estefanía
Estel·la	Estrella
Feliça	Felisa
Gal·la	Gala
Miracle	Milagros
Nadal	Natividad
Neus	Nieves
Remei	Remedios
Puríssima	Purísima
Salut	Salud. Virgen muy popular en Gerona.
Sibil·la	Sibila
Susagna, Susanna	Susana
Tura	(Sin equivalente). Virgen muy popular en Olot.
Violante, Violant	Yolanda

Nombres vascos

Nombres masculinos

Agosti	Agustín
Aitor	(Sin equivalente). Nombre creado por Agustín Chao para nombrar al primer nacido entre los vascos. Se inspiró en la voz *aita*, padre.
Alerto	(Sin equivalente).
Bazkoare	Pascual
Bidun	Víctor
Bitxintxo	Vicente
Deunoro	Santos
Eguzki	Sol
Eneka	Íñigo
Errando	Fernando
Gaizka	Salvador
Ganix	Juan
Gorka	Jorge
Gotzon	Ángel
Iñaki	Ignacio
Irrintzi	(Sin equivalente).
Jakoma	Jaime
Karlos	Carlos
Karmel	Carmelo
Kepa, Pello	Pedro
Koldobika	Luis
Kusko	(Sin equivalente).
Matai	Mateo
Meder	Emeterio
Onsalu	Gonzalo
Pirmin	Fermín
Tibalt	Teobaldo
Topil	Teófilo
Txaran	(Sin equivalente).
Xanti	Santiago
Zain	(Sin equivalente).
Zigor	(Sin equivalente).

Nombres femeninos

Ainoa	(Sin equivalente). Virgen muy popular en Labourd.
Aizpea	(Sin equivalente).
Alaitasune	Alegría
Amane	Maternidad
Añes	Inés
Apala	(Sin equivalente).
Arguiñe, Argune	Luz
Arrene	Oración
Arrosa	Rosa
Aurkene	Presentación
Bakarne	Soledad
Deiñe	Anunciación
Ederne	Gala
Edurne	Nieves
Erregiñe	Regina
Gabon	Natividad
Garbiñe	Purificación
Geaxi	Engracia
Gexina	(Sin equivalente).
Guruzne	Cruz
Ikerne	Visitación
Itxaso	Mar
Itzaiar	(Sin equivalente). Virgen muy popular en Deva.
Itzaskun	(Sin equivalente). Virgen muy popular en Tolosa.
Maite	María del Amor
Miren	María
Osane	Remedios
Saioa	(Sin equivalente).
Uguzne	Bautista
Usoa	Paloma
Zuria	Blanca

Nombres gallegos

Nombres masculinos

Anxo, Anxel	Ángel
Benvido	Bienvenido
Bieito	Benito
Brais, Bras	Blas
Breixo	Verísimo
Ceo, Ceos	Cielo
Cibrao	Cipriano
Elixio	Eligio
Fiz	Félix
Guillelme	Guillermo
Idacio	(Sin equivalente).
Lois	Luis
Mariño	Marino
Millan	Emiliano
Nuno	Nuño
Ourente	Orencio
Paio	Pelayo
Pexerto	Pegerto
Roi	Rodrigo
Uxio	Eugenio
Xan, Xoan	Juan
Xenxo	Ginés
Xeromo	Jerónimo
Xián, Xiao	Julián
Xurxo	Jorge

Nombres femeninos

Adega	Águeda
Alla, Baia	Eulalia
Amil	(Sin equivalente).
Anduriña	(Sin equivalente). Significa «golondrina».
Antía	Antonia
Auria	Áurea

Catarina	Catalina
Cecía	Cecilia
Dores	Dolores
Eteria	(Sin equivalente).
Franqueira	(Sin equivalente).
Ilda	Hilda
Ledicia	Leticia
Margarida	Margarita
Mariña	Marina
Neves	Nieves
Noela	(Sin equivalente).
Noemia	Noemí
Pomba	Paloma
Sabela	Isabel
Sainza	(Sin equivalente).
Saúde	Salud
Tereixa	Teresa
Trega	Tecla
Ultreia	(Sin equivalente). Evoca un canto medieval de los peregrinos a Santiago.
Xaquelina, Saqueline	Santiaga
Xema	Gemma
Xisela	Gisela
Zeltia	(Sin equivalente).

II. Nombres extranjeros

Nombres americanos aborígenes

A la llegada de Cristóbal Colón, a lo largo del continente americano se hablaban centenares de lenguas autóctonas que, obviamente, tenían su correspondiente onomástica. Gran cantidad de ellas aún permanecen vivas y en pleno uso, como el *quechua* en Perú y Bolivia; el *tupí-guaraní* en Paraguay y parte de Argentina y Brasil; el *nahua* en México; el *hawaiano* en Hawai, el *esquimal* en Alaska, y otras muchas lenguas aborígenes vernáculas en Estados Unidos y Canadá.

Su gran número y la extensa variedad de nombres que abarcan, nos hacen imposible una exposición onomástica rigurosa, que excedería los límites de esta obra. Optamos por seleccionar aquellos nombres más representativos de cada lengua, o los que aún tienen vigencia en la actualidad; también los de personajes conocidos, como la actriz *Winona* Ryder, el político mexicano *Cuauhtémoc* Cárdenas o el músico *Atahualpa* Yupanqui. En general, se ha preferido también incluir aquellos nombres que tienen un sonido agradable o expresivo en castellano, o un significado poético o curioso en la lengua original.

Adahi   Nombre de varón *cheroqui* que significa «del bosque».

Adsila   Nombre de mujer *cheroqui* que significa «en flor».

Akecheta   Nombre de varón *siux* que significa «guerrero».

Alana   Nombre de mujer *hawaiano* que significa «ofrenda».

Aloha   Nombre de mujer *hawaiano* que significa «amistad» y también «bienvenida».

Amambaí   Nombre de varón *tupí-guaraní*, que alude a un río de la región.

Anaba   Nombre de mujer *navajo* que significa «la que viene de la guerra».

Apiatan   Nombre de varón *kiowa* que significa «lanza de madera».

Atahualpa   Nombre de varón *quechua*, por el último inca del Perú.

Atai   Nombre de varón *esquimal* que significa «orilla, ribera».

Awinita   Nombre de mujer *cheroqui* que significa «cervatilla».

Caupolicán   Nombre de varón *araucano*, por un legendario guerrero aborigen.

Cikala   Nombre mixto *dakota* que significa «pequeño/a».

Cuauhtémoc   Nombre de varón *nahua*, por un héroe de la resistencia azteca contra Cortés.

Chayton   Nombre de varón *siux* que significa «halcón».

Doli   Nombre de mujer *navajo* que significa «pájaro azul, azulejo».

Enapay   Nombre de varón *siux* que significa «el que viene con bravura».

Esnana   Nombre de mújer *siux* que significa «música de campanillas».

Gurí   Nombre de varón *tupí-guaraní* que significa «niño».

Hacheji   Nombre de varón *arapaho* que significa «lobo».

Halona   Nombre de mujer *comanche* que significa «afortunada».

Haunani   Nombre de mujer *hawaiano* que significa «bello rocío».

Helaku   Nombre de varón *winnebago* que significa «día soleado».

Hiamovi   Nombre de varón *cheyene* que significa «gran jefe».

Hinto   Nombre de varón *dakota* que significa «azul».

Hiowakan   Nombre de varón *siux* que significa «el de voz misteriosa».

Hiti   Nombre de mujer *esquimal*, por una deidad totémica.

Honovi   Nombre de mujer *hopi* que significa «poderosa cierva».

Howi   Nombre de varón *miwoke* que significa «palomo».

Huyana   Nombre de mujer *miwoke* que significa «gotas de lluvia».

Iglu   Nombre de mujer *esquimal* que significa «casa, refugio».

Inca   Nombre de varón *quechua*, por los soberanos del Perú precolombino.

Inti	Nombre de varón *quechua*, que significa «sol», o más exactamente, «dios Sol».
Isi	Nombre de mujer *choctawa* que significa «cierva».
Jacy	Nombre de varón *tupí-guaraní* que significa «amo de la vegetación».
Kaili	Nombre de mujer *hawaiano*, por una diosa mitológica.
Kalani	Nombre de varón *hawaiano* que significa «celestial».
Karmiti	Nombre de mujer *esquimal* que significa «arboleda».
Kaulana	Nombre de mujer *hawaiano* que significa «famosa, célebre».
Kaya	Nombre de mujer *hopi* que significa «hermana mayor».
Keahi	Nombre de varón *hawaiano* que significa «fuego».
Kele	Nombre de varón *hopi* que significa «águila».
Kiriki	Nombre de varón *pawni* que significa «coyote».
Kirima	Nombre de mujer *esquimal* que significa «colina».
Konane	Nombre de mujer *hawaiano* que significa «luz de luna».
Kosumi	Nombre de varón *miwoke* que significa «pescador de salmones con arpón».
Lautaro	Nombre de varón *araucano*, por el líder nativo de la resistencia chilena durante la conquista.
Leilani	Nombre de mujer *hawaiano* que significa «niña celestial».
Lesharo	Nombre de varón *pawni* que significa «jefe».
Liseli	Nombre de mujer tradicional de la tribu *zuni*, de significado desconocido.
Lonan	Nombre de varón *zuni* que significa «nube».
Luana	Nombre de mujer *hawaiano* que significa «alegría».
Lusela	Nombre de mujer *miwoke*, que significa «osita que bailotea».
Macha	Nombre de mujer *siux* que significa «aurora».
Makani	Nombre de varón *hawaiano* que significa «viento».
Makawi	Nombre de mujer *siux* que significa «doncella de la tierra».
Makia	Nombre de varón *hopi* que significa «cazador de águilas».
Malila	Nombre de mujer *miwoke* que significa «trucha que sube la corriente».
Mapi	Nombre de varón *siux* que significa «cielo».
Mapiya	Nombre de mujer *siux* que significa «cielo, celestial».
Mapuana	Nombre de mujer *hawaiano* que significa «aroma que trae la brisa».
Migina	Nombre de mujer *omaha* que significa «luna nueva».
Mitena	Nombre de mujer *omaha* que significa «nacida en noche de luna».

Moana	Nombre de mujer *hawaiano* que significa «océano».
Moctezuma	Nombre de varón *nahua*, por el último emperador azteca.
Molimo	Nombre de varón *miwoke* que significa «oso a la sombra de un árbol».
Momi	Nombre de mujer *hawaiano* que significa «perla».
Nalren	Nombre de varón *dene* que significa «deshielo».
Namid	Nombre mixto *chippewa* que significa «danzando con las estrellas».
Nani	Nombre de mujer *hawaiano* que significa «hermosa».
Nantai	Nombre de varón *navajo* que significa «jefe».
Nantan	Nombre de varón *apache* que significa «portavoz, delegado».
Natane	Nombre de mujer *arapaho* que significa «hija».
Nidawi	Nombre de mujer *omaha* que significa «alegre muchacha».
Odina	Nombre de mujer *algonquino* que significa «montaña».
Ogima	Nombre de varón *chippewa* que significa «jefe».
Onata	Nombre de mujer *iroqués* que significa «hija de la tierra».
Otaktay	Nombre de varón *siux* que significa «el que ha vencido a muchos».
Pakuna	Nombre de mujer *miwoke* que significa «cierva que corre colina abajo».
Pilan	Nombre de varón *apache* que significa «suprema esencia».
Quetzacoatl	Nombre de varón *nahua*, que significa «serpiente emplumada», figura mitológica de la cultura azteca.
Raini	Nombre de varón *tupí-guaraní* que significa «dios creador del mundo».
Sanuye	Nombre de mujer *miwoke* que significa «nube roja del atardecer».
Sedna	Nombre de mujer *esquimal*, por la diosa de la comida.
Sitala	Nombre de mujer *miwoke* que significa «memoriosa».
Tadi	Nombre de varón *omaha* que significa «viento».
Tadita	Nombre de mujer *omaha* que significa «corredora veloz».
Taini	Nombre de mujer *omaha* que significa «luna nueva».
Takoda	Nombre de varón *siux* que significa «amigo de todos».
Taluta	Nombre de mujer *siux* que significa «escarlata».
Tayanita	Nombre de mujer *cheroqui* que significa «joven castora».
Tokala	Nombre de varón *dakota* que significa «zorro».
Tupac	Nombre de varón *quechua*, por un líder indígena del Perú.
Vijo	Nombre de varón *cheyene* que significa «jefe».

Wambly	Nombre de varón *siux* que significa «águila».
Wapi	Nombre de varón *siux* que significa «afortunado».
Whakan	Nombre de varón *siux* que significa «sagrado».
Winono/a	Nombre mixto *siux* que significa «primogénito/a».
Yatai	Nombre de varón *tupí-guaraní* que significa «árbol».
Zaltana	Nombre de mujer *hopi* que significa «montaña».
Zitkala	Nombre de mujer *dakota* que significa «pájaro».

Nombres árabes

La lengua árabe se extiende por todo el norte de África, desde Mauritania hasta Egipto, así como por gran parte del Oriente Próximo, desde Siria y Jordania hasta Arabia Saudí, Yemen y los emiratos del golfo Pérsico. La difusión de su onomástica es incluso mayor, ya que alcanza a otros países islámicos o que poseen comunidades de fe musulmana. Algunos nombres, como *Yasmin, Omar, Fátima* o *Zobeida*, se han adoptado en onomásticas de otras lenguas y países, entre ellos España y América Latina.

La religión es la fuente principal de los nombres árabes, que con frecuencia aluden a Alá, a su profeta, o a las virtudes coránicas. También hay algunas referencias de profesión o características físicas, pero en menor número. Aquí seleccionamos los nombres más utilizados, o los que se han popularizado en Occidente por los relatos orientales o por personalidades del mundo y la cultura árabe, como el actor *Omar Sharif*, los reyes *Faysal, Hassan* o *Muhammad*, el califa de *Las mil y una noches, Harún al Rashid*, o *Abderrahmán*, fundador del emirato de Córdoba en el siglo VIII.

Abbas	Significa «es como un león».
Abbud	Significa «artesano, habilidoso». Variantes: *Abud, Habud*.
Abd Al	Parte inicial de nombres compuestos, que significa «siervo de...». Variante: *Abdel*.
Abd Al Hakim	Significa «siervo de la sabiduría».
Abd Al Jamid	Significa «siervo de lo loable».
Abd Al Kadir	Significa «siervo de la eficiencia».
Abd Al Rahman	Significa «siervo de la gracia generosa». Variante: *Abdelrramán, Abderrahmán*.

Abd Al Rashid Significa «siervo del camino correcto». Variante: *Abdel Rajid*.

Abdula Significa «siervo de Alá». Variantes: *Abdul, Abdullah*.

Abir Significa «fragancia».

Adara Significa «virgen, doncella».

Adil Significa «justo, recto».

Adiva Significa «graciosa, gentil».

Ahmad Significa «loable, aconsejable». Variante: *Jamad*.

Aisha Significa «vital, activa». Variante: *Ayisha*.

Ali Nombre tradicional, significa «excelente, noble». Variantes: *Aliy, Aliyi*.

Alima Significa «sabia».

Amin Significa «creyente, devoto».

Aminah Significa «creyente, devota».

Amir Significa «popular, del pueblo».

Ammar Significa «arquitecto, constructor». Variantes: *Jamar, Hammar*.

Ashraf Significa «muy honorable». Variante: *Asraf*.

Asim Significa «protector, defensor». Variante: *Azim*.

Atiya Significa «sabia, prudente».

Bahira Nombre femenino que significa «brillante, sorprendente».

Bajir Nombre masculino que significa «brillante, sorprendente». Variante: *Bahir*.

Baraka Significa «clara, rubia».

Basim Significa «el sonriente». Variante: *Bassam*.

Dabir Significa «maestro, consejero».

Dahab Significa «de oro, dorada».

Fadi Significa «redentor». Variante: *Fad*.

Fadil Significa «generoso».

Fadila Significa «virtuosa».

Fahd Significa «lince». Variantes: *Fajd, Fajid*.

Fakhir Significa «honesto, admirable».

Farid Significa «único».

Farida Significa «única, excepcional».

Faruk Significa «el que distingue la verdad de lo falso». Variante: *Faruq*.

Fátima Significa «hija del profeta».

Faysal Significa «firme, terminante». Variante: *Faisal*.

Ghalib Significa «vencedor, victorioso».

Ghaliya Significa «fragante».

Habib	Significa «amado».
Haddad	Significa «herrero». Variantes: *Hadad, Jadad.*
Hadiya	Significa «guía de la pureza».
Halim	Significa «gentil, amable».
Hamid	Significa «alabado». Variantes: *Hammad, Humaid, Jamid.*
Hamida	Significa «digna de alabanza».
Haroun	Significa «elevado, exaltado». Variante: *Harun.*
Hassan	Significa «hermoso, atractivo». Variantes: *Hasan, Husain.*
Hayfa	Significa «esbelta, atractiva».
Husam	Significa «espada, sable». Variante: *Jusam.*
Ibrahim	Significa «padre del pueblo».
Ikram	Significa «hospitalaria, generosa».
Inaya	Significa «solícita, comprensiva».
Ismail	Nombre del profeta hijo de Abraham, que se considera patriarca ancestral del Islam. Variantes: *Ismahil, Ismael.*
Izdijar	Significa «floreciente, en sazón».
Jafar	Significa «arroyuelo». Variante: *Hafar.*
Jamal	Significa «hermoso, atractivo».
Jihad	Significa «guerra santa».
Kadar	Significa «poderoso». Variante: *Kedar.*
Kalila	Significa «amada, adorada».
Kamal	Significa «perfección». Variante: *Kamil.*
Khalid	Significa «eterno».
Khalida	Significa «inmortal».
Khalil	Significa «buen amigo».
Laila	Significa «nocturna, amiga de la noche». Variantes: *Leyla, Layla.*
Latifa	Significa «gentil, agradable».
Manar	Significa «luz que nos guía».
Mansur	Significa «protegido por la divinidad».
Mawiya	Significa «esencia de la vida».
Mufid	Significa «servicial, eficiente».
Muhammad	Nombre del Profeta, significa «alabado». Variantes: *Mahamud, Mahmud, Mahmoud, Mohamed, Amed, Ahmad.* (En español se suele escribir como *Mahoma.*)
Munira	Significa «iluminada, luminosa».
Mustafa	Versión de *Muhammad*, que significa «elegido».
Nabil	Significa «noble».
Nadim	Significa «amigo».

Nadir	Significa «querido» y también «excepcional».
Naila	Significa «triunfante, exitosa».
Najib	Significa «de ascendencia noble».
Najiba	Significa «nacida en noble cuna».
Nasser	Significa «victorioso».
Nawal	Significa «don, presente».
Nazira	Significa «honesta». Variante: *Naziha*.
Nida	Significa «llamada, elegida».
Nizam	Significa «organizador, rector».
Nudar	Significa «de oro, dorada».
Nur	Significa «luz». Variante: *Noor*.
Omar	Por uno de los discípulos del Profeta, significa «el más alto».
Radeya	Significa «satisfecha, feliz».
Rafik	Significa «amable, amistoso».
Raniya	Significa «de dulce mirada».
Rasha	Significa «joven gacela».
Rashid	Significa «íntegro» y también «devoto». Variante: *Rashad*.
Sadiya	Significa «cantora».
Safiya	Significa «pura, serena».
Sahar	Significa «alba, aurora». Variante: *Saba*.
Salam	Significa «cordero».
Salim	Significa «salvo, seguro». Variante: *Salman*.
Salima	Significa «saludable, sana».
Samir	Significa «buen compañero».
Samiya	Significa «elevada, alta».
Shadi	Significa «cantor».
Sharif	Significa «honesto».
Sharifa	Significa «dama, mujer noble».
Suhail	Significa «gentil, amable».
Sujaila	Significa «gentil, agradable».
Tajira	Significa «pura, casta». Variantes: *Sahira, Sahir*.
Talib	Significa «estudioso, inquieto».
Taliba	Significa «estudiosa, la que quiere saber».
Tamir	Significa «amo de las palmeras».
Tarif	Significa «excepcional, extraordinario».
Tarik	Por el nombre del jefe musulmán que conquistó gran parte de España.
Thara	Significa «fuerte, saludable».
Wahid	Significa «exclusivo, inigualable».

Wasim	Significa «hermoso, atractivo».
Yamina	Significa «honesta y justa».
Yasmin	Por la flor del jazmín.
Yusuf	Nombre de un profeta, proveniente del hebreo *José*. Significa «elegido».
Zafira	Significa «victoriosa, exitosa».
Zahid	Significa: «ascético, sacrificado».
Zajira	Significa «blanca, luminosa». Variantes: *Zahira, Zajara, Zahra*.
Ziyad	Significa «el mejor, el que beneficia». Variante: *Zayd*.
Zubaida	Significa «excelente, destacada». Variantes: *Zobeida, Zoraida*.
Zuhair	Significa «brillante, luminoso». Variantes: *Zuhayr, Zuhar*.

Nombres británicos

Los nombres que se utilizan en las Islas Británicas tienen su origen en las lenguas vernáculas, como el anglosajón, el inglés antiguo, el celta, y el gaélico, y también en formas particulares de nombres teutónicos, griegos, latinos y hebreos. En la siguiente selección se da prioridad a los nombres autóctonos, incluyendo los de otro origen cuando tienen un uso muy propio en Gran Bretaña. También se mencionan los nombres de origen británico que son frecuentes en español y otras lenguas europeas, como *Alfredo* o *Arturo*.

Abigail	De origen hebreo, significa «fuente de alegría».
Affrica	Del gaélico, significa «agradable, simpática, amable».
Agatha	De origen griego, «agradable y buena».
Aine	Del celta, significa «alegría».
Alan	Del gaélico, significa «hermoso, agradable, gracioso». Variantes: *Allan, Allen*.
Alfred	Del inglés antiguo, significa «sabio, consejero». Variantes: *Fred, Freddy*.
Alison	De origen germánico, significa «noble, graciosa».
Alma	Del celta, significa «buena, bondadosa».

Allister   Nombre irlandés de origen griego, que significa «defensor de la humanidad». Variante: *Allie*.

Arthur   Del celta, significa «noble».

Ashley   Del inglés antiguo, significa «prado del fresno».

Audrey   Del inglés antiguo, significa «fuerza noble». Variantes: *Audie, Audra, Audre*.

Baird   Nombre irlandés, significa «baladista, trovador». Variantes: *Barr, Bard*.

Barclay   Del inglés antiguo, significa «del prado del abedul». ❧

Barry   Del celta, significa «buen tirador».

Barth   Del anglosajón, significa «hijo de la tierra».

Bevan   Del celta, significa «joven guerrero».

Beverly   Del inglés antiguo, significa «valle de los castores».

Blair   Del celta, significa «de la llanura».

Blake   Del inglés antiguo, significa «pálido, de aspecto suave».

Boyd   Del gaélico, significa «de cabellos rubios». Variantes: *Bowen, Bowie*.

Brad   Del inglés antiguo, significa «del gran valle». Variante: *Brady*.

Bradley   Del inglés antiguo, significa «de la amplia pradera».

Brandon   Del inglés antiguo, significa «espada». Variantes: *Bran, Brand*.

Brendan   Del gaélico, significa «pequeño cuervo».

Brenna   Del celta, significa «la de cabello oscuro».

Brent   Nombre inglés, significa «colina escarpada».

Bretta   Del celta, significa «que viene de Bretaña». Variantes: *Brittany, Bret, Brit, Brite*.

Brian   Del celta, significa «fuerte».

Bridget   Del celta, significa «fortaleza». Variantes: *Briget, Bride*.

Brook   Nombre inglés que significa «arroyo».

Bruce   De origen francés, significa «de la espesura del bosque».

Byron   De origen francés, significa «de la casa de campo».

Callaghan   Nombre de dos santos irlandeses, sin otro significado.

Cameron   Del celta, significa «nariz torcida».

Cara   Del celta, significa «amiga». Variantes: *Carrie, Carry*.

Carey   Del celta antiguo, significa «del castillo». Variante: *Cary*.

Carroll   Del gaélico, significa «campeón».

Carter   Nombre inglés que significa «carretero, cochero».

Cassidy   Del gaélico, significa «inteligente, sabio».

Cedric   Del celta, significa «jefe del clan».

Clifford   Del inglés antiguo, significa «el que vive en el vado, cerca del acantilado». Variante: *Clifton.*

Clive   Del inglés antiguo, significa «acantilado, arrecife».

Coleen   Del gaélico, significa «jovencita, muchacha».

Conway   Del gaélico, significa «perro pastor».

Cooper   Nombre inglés que significa «tonelero».

Cordelia   Del celta, significa «joya del mar».

Corey   Del anglosajón, significa «el elegido».

Craig   Del celta, significa «el que vive en el peñasco».

Chad   Del inglés antiguo, significa «de la ciudad de los guerreros».

Chelsea   Del inglés arcaico, significa «puerto».

Chester   Del inglés antiguo, significa «del campo fortificado».

Dana   Del celta, significa «el/la que viene de Dinamarca».

Darren   Del gaélico, significa «grande».

Davis   Del inglés antiguo, significa «hijo de David».

Dawn   Nombre inglés, significa «amanecer, alba, aurora».

Dean   Del inglés antiguo, significa «del valle». Variantes: *Deane, Dene, Dino.*

Deirdre   Heroína de los mitos celtas, significa «doncella, jovencita».

Derek   Nombre escocés de origen germánico, que significa «líder del pueblo». Variantes: *Dirk, Derrick.*

Devin   Del celta, significa «poeta, trovador».

Donald   Del celta, significa «dueño del mundo». Variante: *Don.*

Donovan   Del gaélico, significa «guerrero negro».

Doreen   Del celta, significa «melancólica».

Douglas   Del celta, significa «el de la corriente oscura».

Dudley   Del inglés antiguo, significa «del prado del pueblo».

Duncan   Nombre escocés que significa «guerrero de piel oscura». Variantes: *Dune, Dunn.*

Dustin   De origen germánico, significa «luchador valeroso».

Edward   Del inglés antiguo, significa «buen guardián». Variantes: *Ed, Ted.*

Egan   Nombre irlandés que significa «ardiente».

Elton   Del inglés antiguo, significa «de la ciudad vieja». Variantes: *Alden, Alton.*

Ellen   De origen griego, significa «luz». Variantes: *Eileen, Helen, Ellen, Ellie, Eleanore.*

Ellery   De origen germánico, significa «del bosquecillo de alisos».

Elliot   De origen hebreo, significa «Yavé es Dios». Variantes: *Eli, Ellis.*

Erin	Del gaélico, significa «paz».
Erlina	Del gaélico, significa: «la que viene de Irlanda».
Evan	Nombre galés que significa «joven».
Fanny	Nombre de una legendaria santa irlandesa; no tiene otro significado.
Farrel	Del gaélico, significa «valeroso».
Fiona	Nombre celta que significa «blanca, pura, limpia».
Fitzgerald	Del inglés antiguo, significa «hijo del lancero poderoso».
Fitzpatrick	Del inglés antiguo, significa «hijo de hombre noble, hidalgo».
Fleming	Del anglosajón, significa «el que vino de Flandes».
Fletcher	Proviene del francés antiguo, significa «emplumador de flechas».
Flynn	Del gaélico, significa «el hijo del pelirrojo».
Foster	De origen latino, significa «guardabosques».
Gail	Del inglés antiguo, significa «amable, adorable». Variantes: *Gale, Gayle*.
Garret	Del anglosajón, significa «poderoso con la lanza».
Gary	Del inglés antiguo, significa «el que lleva las lanzas».
Gavin	Del galés antiguo, significa «águila de la batalla».
Geoffrey	Del anglosajón, significa «regalo o presente de paz». Variantes: *Jeffrey, Geoff, Jeff*.
Glynis	Del gaélico, significa «valle» o «del valle».
Gordon	Del anglosajón, significa «el de la colina esquinada».
Graham	De origen latino, significa «grano».
Gwendolyn	Del celta, significa «cumbre blanca». Variante: *Gwen*.
Harley	Del inglés antiguo, significa «de la pradera del ciervo». Variantes: *Arleigh, Harleigh*.
Harrison	Del inglés antiguo, significa «hijo de Harry». Variante: *Harris*.
Harry	De origen germánico, significa «amo de la propiedad». Variantes: *Hal, Hank, Henry*.
Hayley	Del inglés antiguo, significa «de la pradera del heno».
Heather	Nombre inglés, que significa «brezo».
Henry	Variante de *Harry*.
Hilary	De origen latino, significa «alegre, agradable».
Hogan	Del gaélico, significa «joven».
Hope	Nombre inglés, significa «esperanza».
Hunter	Nombre inglés que significa «cazador».
Irving	Del gaélico, significa «hermoso, bien parecido».

Ivy   Del inglés antiguo, significa «hiedra».

Jane   Variante de *Sinéad*.

Jennifer   Nombre celta que significa «ola blanca». Variantes: *Jenny, Ferry*.

Keith   Del galés antiguo, significa «el del bosque».

Keith   Nombre escocés que significa «el lugar de la batalla».

Kellie   Del gaélico, significa «guerrera, mujer armada». Variante: *Kelly*.

Kendrick   Del anglosajón, significa «el que gobierna el reino». Variantes: *Kenric, Rick*.

Kenneth   Del inglés antiguo, significa «juramento real». Variante: *Ken*.

Kent   Del galés antiguo, significa «blanco, brillante».

Kerrie   Nombre de un rey inglés legendario. Variante: *Kerry*.

Kevin   Del celta, significa «gentil, agradable».

Kim   Del inglés antiguo, significa «gobernante, jefe».

Kimberly   Del inglés antiguo, significa «fortaleza real». Variantes: *Kimberley, Kim, Berly*.

Kirk   Nombre escocés que significa «templo, iglesia».

Lee   Del inglés antiguo, significa «de la pradera».

Leigh   Del inglés antiguo, significa «prado, pradera».

Leighton   Del inglés antiguo, significa «granjero de la pradera». Variantes: *Laigh, Layton, Lay*.

Lesley   Del gaélico, significa «de la fortaleza gris». Variantes: *Leslie, Lesly*.

Lewis   Del alemán antiguo, significa «célebre guerrero». Variantes: *Lew, Lou, Louis, Lewes, Clovis*.

Lindsay   Del inglés antiguo, significa «de la isla del tilo».

Lynn   Del anglosajón, significa «cascada». Variantes: *Linn, Lynne*.

Lloyd   Nombre galés que significa «el de cabello gris».

Maggie   Diminutivo de *Margaret*, se usa también como nombre propio.

Malcolm   Nombre escocés que significa «devoto de Santa Columbia».

Maureen   Del celta, significa «grande». Variantes: *Moreen, Moira*.

Maxwell   Del inglés antiguo, significa «para bien del amo o jefe». Variante: *Max*.

Megan   Nombre galés que significa «fuerte».

Melva   Del celta, significa «jefa».

Melvin   Del celta, significa «jefe». Variantes: *Malvin, Melvyn*.

Meredith	Del celta, significa «protector del mar».
Moira	Del celta, significa «grande».
Mona	Nombre irlandés que significa «dama, mujer noble».
Montgomery	Del inglés antiguo, significa «de la montaña del hombre rico». Variante: *Monty*.
Morgan	Del celta, significa «el que vive en el mar».
Morley	Del inglés antiguo, significa «del páramo o el brezal». Variantes*: Morlee, Morly*.
Murray	Del celta, significa «marino, marinero».
Nolan	Del gaélico, significa «famoso» o «noble».
Patrick	Nombre irlandés de origen latino (Patricio) que significa «noble». Variantes: *Pat, Patty, Pádraig, Paddy*.
Perry	Del anglosajón, significa «peral».
Polly	Curioso apodo para las llamadas *Mary*.
Quentin	De origen latino, significa «el quinto hijo».
Quinn	Del celta, significa «el sabio».
Reed	Del inglés antiguo, significa «pelirrojo».
Regan	Del celta, significa «real».
Riona	Nombre irlandés que significa «santo/a».
Robin	De origen germánico, significa «de brillante fama».
Rowena	Del celta, significa «la de la melena blanca, o rubia».
Russell	Del anglosajón, significa «como un zorro».
Ryan	Del gaélico, significa «fuerte» y también «pequeño rey».
Sheldon	Del inglés antiguo, significa «ciudad protectora».
Shelley	Del anglosajón, significa «valle de la roca».
Shirley	Del inglés antiguo, significa «prado brillante, o claro». Variante: *Sherry*.
Sidney	De origen en el francés antiguo, significa «devoto de San Dionisio». Variantes: *Sid, Sydney*.
Sinéad	Nombre irlandés, que significa «graciosa». Variantes: *Sine, Jane, Janey*.
Stanley	Del inglés antiguo, significa «de la llanura rocosa». Variante: *Stan*.
Stewart	Del anglosajón, significa «administrador, mayordomo». Variante: *Stuart*.
Sybil	Diminutivo irlandés de Elizabeth (Isabel). Variante: *Sibby*.
Tara	Del celta, significa «torre».
Terry	Sobrenombre de *Teresa*.
Tierney	Nombre irlandés que significa «majestuoso, señorial».

Todd	Nombre escocés que significa «zorro».
Tomlin	Del inglés antiguo, significa «hermano pequeño».
Torrance	Del gaélico, significa «del montículo».
Tracy	Nombre de origen griego, significa «cosechador/a».
Trevor	Del celta, significa «prudente».
Ula	Del celta, significa «joya del mar».
Vanessa	Nombre de origen griego, significa «mariposa». Variantes: *Vania, Vanny, Vanna.*
Vaughn	Del galés antiguo, significa «el pequeño».
Wallace	Del anglosajón, significa «extranjero, forastero».
Wallis	Del inglés antiguo, significa «muro, muralla».
Wayne	Del inglés antiguo, significa «fabricante de carros».
Wenda	Del inglés antiguo, significa «bella, limpia, honrada».
Whitney	Del anglosajón, significa «isla blanca».
Wynnie	Del celta, siginifica «blanca, pura». Variantes: *Wynn, Winne.*

Nombres centroeuropeos

Los nombres de los países centroeuropeos (Polonia, repúblicas Checa y Eslovaca, Hungría, Rumania y Bulgaria) provienen de las lenguas vernáculas de la región, como el eslavo o el magiar y sus formas dialectales. Han recibido también una antigua influencia del latín y del griego, así como de los imperios germánicos que dominaron durante largo tiempo esos países. Hay también referencias del hebreo bíblico y del santoral cristiano.

En esta selección procuramos incluir los más autóctonos de la zona centroeuropea y los que son más utilizados y populares actualmente.

Cabe aclarar que el rumano es una lengua latina, con gran presencia de nombres de ese origen; y que el polaco, como lengua eslava, tiene nombres que coinciden con la onomástica y la tradición cultural rusa.

Albinka	Nombre polaco de origen latino que significa «clara, rubia».
Alin	Nombre rumano que significa «sereno, pacífico». Variantes: *Alina, Lino, Lina.*

Alina   Nombre polaco de origen eslavo que significa «bella, luminosa». Variantes: *Alinka, Alka*.

Alois   Del alemán antiguo, significa «guerrero renombrado». Variante: *Lojza*.

Alzbata   Nombre checo de origen griego que significa «consagrada a Dios».

Andrzej   Versión polaca del nombre de origen griego *Andrés*, que significa «viril, masculino».

Antal   Nombre húngaro de origen latino que significa «estimable, admirable».

Árpád   Nombre de un héroe magiar de la antigua Hungría.

Aurek   Nombre polaco que significa «rubio». Variantes: *Aurel, Elek*.

Béla   Diminutivo húngaro de *Albert* que se usa como nombre propio.

Bértok   Nombre húngaro de origen teutón, significa «cuervo brillante». Variantes: *Bert, Bártok*.

Bogdan   Nombre polaco de origen hebreo que significa «don de Dios». Variantes: *Bohan, Bogdana*.

Bohuslav   Del eslavo, significa «gloria de Dios». Variante: *Bohoslav*.

Boian   Nombre tradicional búlgaro de significado desconocido.

Borbàla   Versión húngara del nombre latino *Barbara*, que significa «extranjera».

Bozena   Nombre tradicional femenino checo-eslovaco, quizás diminutivo de *Elisabeth*.

Brindusa   Nombre rumano que significa «flor de azafrán».

Bronislaw   Nombre polaco de origen eslavo, que significa «arma de la gloria». Variantes: *Bronis, Bron*.

Cestmir   Del eslavo, significa «fortaleza».

Cornel   Nombre rumano que significa «cuerno».

Csaba   Nombre tradicional húngaro de origen mitológico.

Czeslaw   Nombre polaco de origen latino, que significa «castillo».

Dimitur   Versión búlgara del nombre griego *Demeter*, que significa «Dios de las cosechas».

Dodek   Nombre polaco que significa «noble héroe». Variante: *Adek*.

Domokos   Versión húngara del nombre latino *Domenicus*, que significa «del Señor». Variantes: *Domonkos, Domo, Dome*.

Dorika   Versión húngara del nombre de origen griego *Dorotea*. Significa «regalo de Dios». Variantes: *Dorottya, Doris, Dora*.

Dragos   Nombre rumano que significa «dragón». Variante: *Dragan*.

Fedor   Nombre polaco de origen griego que significa «don de Dios». Variantes: *Feodor, Teodor, Dorek*.

Ferenc   Versión húngara del nombre latino *Franciscus*, que significa «libre». Variantes: *Ferke, Ferko*.

Fidanka   Nombre búlgaro que significa «pimpollo». Variante: *Danka*.

Florica   Nombre rumano, que significa «flor». Variante: *Florea*.

Frantisek   Versión checa del nombre teutón *Franz*, que significa «libre». Variante: *Franta*.

Gábor   Nombre húngaro de origen griego que significa «fuerza de Dios».

Gutka   Nombre polaco que significa «bien, buena».

Gyöngyi   Versión húngara del francés antiguo, significa «enebro».

Gyula   Nombre húngaro que significa «juventud, joven».

Holleb   Nombre polaco que significa «como un palomo».

Iavor   Nombre búlgaro que significa «sicomoro».

Iglika   Nombre búlgaro que significa «primavera».

Ilie   Nombre rumano de origen hebreo, significa «Yavé es Dios».

Ilona   Nombre húngaro de origen griego, significa «luz». Variantes: *Ili, Ilka, Ilonka, Iluska*.

Imre   Nombre húngaro de origen teutón, significa «laborioso, trabajador».

Ivanka   Nombre búlgaro de origen griego que significa «don de Dios». Variantes: *Ivy, Ivana*.

János   Versión húngara del nombre *Juan*, de origen hebreo. Significa «don de Dios». Variantes: *Jankia, Janko, Jani*.

Jarek   Nombre polaco que significa «nacido en enero». Variante: *Janiusz*.

Jaroslav   Nombre checo proveniente de una antigua leyenda, significa «esplendor primaveral». Variante: *Jarda*.

Jerzy   Nombre polaco de origen griego que significa «granjero».

Jiri   Nombre checo de origen griego, significa «granjero». Variante femenina: *Jirina*.

Jolanta   Nombre polaco de origen griego, que significa «pimpollo de violeta». Variantes: *Jola, Jolanka*.

Julinka   Versión húngara del nombre latino *Julia, Juliana*. Significa «juvenil».

Kelemen   Del magiar, significa «amable, gentil». Variante: *Kellman*.

Kiril   Nombre búlgaro de origen griego que significa «señor». Variante: *Ciril.*

Lacrimioara Nombre rumano que significa «pequeña lágrima». Variante: *Lacrimia.*

Ladislav   Nombre checo que significa «célebre gobernante». Variantes: *Ladso, Lada.*

Lajos   Nombre húngaro de origen teutón. Significa «sagrado, sacralizado». Variantes: *Alajos, Lacsi, Lojze.*

László   Del eslavo, significa «gran gobernante». Variantes: *Lazlo, Lacko, Laci.*

Lechsinska   Nombre polaco de origen eslavo que significa «ninfa del bosque».

Libuse   Nombre femenino de una fábula tradicional checo-eslovaca.

Lilka   Nombre polaco que significa «doncella guerrera». Variantes: *Ludka, Lucwika, Lodoiska.*

Lubomir   Nombre polaco que significa «amante de la paz». Variantes: *Lubo, Bomir.*

Luboslaw   Nombre polaco que significa «amante de la gloria». Variante: *Ludoslaw.*

Ludmila   Del eslavo, significa «amada por el pueblo». Variantes: *Mila, Mili.*

Lúkács   Versión húngara del nombre latino *Lucas.* Significa «el que trae la luz».

Luminita   Nombre rumano que significa «lucecita». Variantes: *Luminia, Minita.*

Marika   Nombre húngaro de origen griego. Significa «implacable». Variantes: *Mariska, Marja, Marta, Martuska.*

Marin   Nombre rumano que significa «pequeña bahía».

Mihály   Versión húngara del nombre *Miguel,* de origen hebreo. Significa «Dios no tiene igual». Variante: *Miska.*

Miloslav   Nombre checo-eslovaco que significa «amante de la gloria». Variante: *Milda.*

Minka   Nombre polaco de origen teutón que significa «decidida».

Mircea   Nombre rumano que significa «espejo, espejado».

Miron   Nombre polaco que significa «paz».

Miroslav   Nombre checo-eslovaco que significa «paz» y también «gloria». Variantes: *Miroslava, Mirka, Mirko, Mirek.*

Nadzia   Nombre polaco de origen eslavo que significa «esperanza». Variante: *Nadka.*

Pawel   Versión polaca del nombre latino *Paulus*, significa «pequeño». Variantes: *Pavel, Pawelek, Inek*.

Piroska   Versión húngara del nombre latino *Priscila*, que significa «antigua». Variante: *Piri*.

Prodan   Nombre búlgaro que significa «consagrado a la Iglesia».

Radka   Nombre búlgaro que significa «alegría». Variante: *Radkia*.

Radu   Nombre rumano que significa «alegría».

Rasia   Nombre polaco que significa «reina».

Rendor   Del magiar, significa «guardián».

Rossitva   Nombre búlgaro que significa «pequeña rosa». Variante: *Sitva*.

Ruxandra   Nombre rumano de origen persa. Significa «alba, amanecer». Variante: *Roxana*.

Ruzena   Nombre checo que significa «rosa». Variante: *Ruza*.

Sándor   Nombre húngaro de origen griego, significa «defensor de la humanidad».

Stanislav   Nombre checo que significa «gloria en el combate». Variantes: *Stan, Standa, Stanis*.

Stoian   Nombre búlgaro que significa «el que permanece». Variantes: *Stoyan, Stoichko, Stoil, Stoimen*.

Telek   Nombre polaco que significa «herrero».

Temenuzhka Nombre búlgaro que significa «violeta».

Tibor   Del eslavo, significa «lugar sagrado».

Tsvetan   Nombre búlgaro que significa «flor, florido». Variante femenina: *Tsvetanka*.

Tünde   Nombre tradicional húngaro de significado desconocido.

Vaclav   Del eslavo, significa «guirnalda de gloria». Variante: *Vasek*.

Valeska   Nombre polaco de origen ruso que significa «jefa victoriosa». Variante: *Valka*.

Velyo   Nombre búlgaro que significa «grande». Variantes: *Velya, Veliko, Velko, Velin*.

Vidor   Versión húngara del nombre latino *Victor*, que significa «vencedor». Variante: *Viktor*.

Viorica   Nombre rumano que significa «flor». Variante: *Vioria*.

Vlasta   Nombre checo femenino, por el personaje de un cuento tradicional.

Wienczyslaw Nombre polaco que significa «guirnalda, corona».

Zigana   Nombre húngaro que significa «gitana».

Ziven   Nombre polaco de origen eslavo, que significa «vigoroso». Variantes: *Ziv, Zivon*.

Zoltan	Nombre húngaro de origen griego. Significa «vida». Variante: *Zolti*.
Zytka	Diminutivo polaco para varios nombres femeninos que se utiliza también como nombre propio. Variante: *Zyta*.

Nombres escandinavos

Los nombres escandinavos se utilizan en Dinamarca, Finlandia, Islandia, Noruega y Suecia, aunque algunos se han extendido también a otros países. La mayor parte de ellos provienen del teutón y del antiguo alemán, así como de los dialectos escandinavos, en especial del noruego antiguo. Hay también nombres de origen celta, griego, latino y hebreo. En la siguiente selección hemos escogido los que tienen una procedencia autóctona de la región, así como algunos que suelen utilizarse en el ámbito hispanoamericano (*Berta, Egon, Eric, Hilda, Sonia,* etc.), o que pertenecen a personalidades famosas, como *Roald* Amundsen, *Ingmar* Bergman, *Soren* Kierkegaard, *Olof* Palme o *Liv* Ullman.

Åage	Del noruego, significa «el que honra a sus ancestros».
Åase	Del noruego, significa «monte cubierto de árboles».
Ailsa	Forma escandinava del nombre de origen griego *Elisabet*, significa «consagrada a Dios».
Aksel	Nombre noruego de origen hebreo, significa «padre de la paz».
Amund	Nombre noruego que significa «presente nupcial».
Andras	Del noruego antiguo, significa «aliento, hálito».
Antti	Nombre finlandés de origen griego que significa «varonil, viril».
Argus	Del danés, significa «vigilante, guardián». Variante: *Gus*.
Arild	Nombre noruego que significa «jefe guerrero».
Arkin	Nombre noruego que significa «hijo del rey eterno».
Arne	Del alemán antiguo, significa «águila». Variantes: *Arni, Arna*.
Arvada	Nombre de origen danés que significa «águila».
Arve	Nombre noruego que significa «el heredero». Variante: *Arvid*.

Ashild	Nombre noruego que significa «guerrera de Dios».
Astrid	Nombre noruego que significa «fuerza de Dios». Variante: *Astra*.
Asvoria	Del teutón, significa «prudencia divina».
Audhild	Nombre noruego que significa «prosperidad». Variantes: *Aud, Audny*.
Audun	Nombre noruego que significa «elegido de la prosperidad».
Bente	Versión noruega del nombre latino *Benedicto*. Significa «bendito».
Berit	Del antiguo alemán, significa «brillante» y también «gloriosa». Variante: *Berta*.
Bertil	Nombre sueco masculino que significa «brillante».
Birger	Nombre noruego que significa «recuperado, rescatado».
Birgit	Del celta, significa «magnífica». Variantes: *Birte, Birgitte, Berta*.
Bjorn	Del noruego antiguo, significa «oso». Variante: *Bjarne*.
Blenda	Nombre sueco que significa «heroína».
Bo	Del danés, significa «comandante, jefe del ejército». Variante: *Bodil*.
Börje	Del noruego antiguo, significa «castillo». Variante: *Borg*.
Brede	Del danés, significa «glaciar». Variantes: *Bred, Breddi*.
Brita	Nombre noruego que significa «la que viene de Britania». Variante: *Brit*.
Brynhild	Nombre noruego que significa «guerrera». Variante: *Brunhild*.
Carr	Nombre noruego que significa «de los pantanos». Variantes: *Karr, Kerr*.
Dagny	Del noruego antiguo, significa «alegría danesa».
Dale	Del noruego antiguo, significa «valle».
Davin	Nombre finlandés que significa «la luz de Finlandia». Variante: *Dav*.
Denby	Nombre noruego que significa «del pueblo de los daneses». Variantes: *Derby, Danby, Den, Denny*.
Disa	Nombre noruego que significa «de talante activo».
Ebba	Del antiguo alemán, significa «fuerte». Variantes: *Ebbe, Ebe*.
Egon	Del teutón, significa «formidable».
Eikki	Nombre finlandés que significa «siempre poderoso».
Einar	Nombre noruego que significa «líder, adalid».
Elvis	Nombre noruego que significa «gran sabio». Variantes: *Alvis, Al, El*.

Erik   Del noruego antiguo, significa «jefe» y también «siempre fuerte». Variantes: *Eric, Erika*.

Erling   Nombre noruego que significa «heredero del jefe».

Eskil   Del noruego antiguo, significa «navío de Dios».

Finn   Significa «de Finlandia» y también «el que encuentra».

Fisk   Nombre sueco que significa «pescador». Variante: *Fiske*.

Freya   Nombre de la diosa del amor en la mitología escandinava.

Frideborg   Del teutón, significa «la que ayuda a la paz». Variantes: *Fride, Fritjof*.

Gale   Nombre noruego que significa «cantor».

Germund   Nombre sueco que significa «protectora del mundo». Variante: *Germunde*.

Gudrun   Nombre noruego femenino que significa «sabiduría de Dios». Variantes: *Guro, Guri*.

Gunilla   Del antiguo alemán, significa «doncella guerrera». Variantes: *Gunnel, Gun*.

Gunnar   Nombre sueco que significa «ejército de batalla».

Håkan   Del noruego antiguo, significa «noble».

Håkon   Nombre noruego que significa «de la raza o estirpe elegida». Variantes: *Haakon, Haaken*.

Haldis   Nombre noruego que significa «piedra de auxilio».

Harald   Del noruego antiguo, significa «jefe guerrero».

Havelock   Nombre noruego que significa «combate en el mar».

Hedda   Del alemán antiguo, significa «guerrera vigorosa».

Helmer   Del teutón, significa «la furia del guerrero».

Hendrik   Del teutón, significa «amo de la propiedad». Variantes: *Henrik, Hennerik, Henning*.

Herdis   Nombre noruego que significa «diosa».

Hilde   Nombre de una Walkiria, o doncella guerrera de la mitología noruega. Variantes: *Hild, Hilda, Helle, Hildur, Hildegun*.

Hjalmar   Nombre tradicional sueco y danés de significado desconocido. Variantes: *Hialmar, Hjalm*.

Hulda   Nombre sueco que significa «escondida, oculta».

Idun   Nombre noruego que significa «amor verdadero». Variante: *Ingunn*.

Ingeborg   Del noruego antiguo, significa «protegida por Ing (Dios de la fertilidad)».

Ingemar   Del noruego antiguo, significa «hija del mar».

Inger   Del teutón, significa «hija del héroe». Variantes: *Inga, Hinge*.

Ingmar	Nombre sueco que significa «hijo célebre». Variante: *Ingemar*.
Inkeri	Versión finlandesa del nombre teutón *Ingrid*, que significa «hija del héroe».
Jens	Nombre danés de origen hebreo. Significa «generoso don de Dios». Variante: *Jen*.
Jorn	Nombre danés que significa «granjero».
Kalevi	Nombre finlandés que significa «héroe» . Variante: *Kalvi*.
Kalwa	Nombre finlandés que significa «heroica». Variante: *Kalwi*.
Kalle	Nombre sueco que significa «fuerte y viril». Variante: *Kall*.
Kelsey	Del noruego antiguo, significa «la de la isla con barcos». Variantes: *Kelci, Kelda*.
Kerttu	Nombre finlandés de origen teutón, que significa «luchador».
Kirsten	Versión danesa del nombre griego *Christian*. Significa «cristiano/a».
Knud	Del noruego antiguo, significa «amable, agradable». Variantes: *Knod, Knut, Knute, Canute*.
Laila	Del danés, significa «noche, nocturna».
Lamont	Nombre noruego que significa «abogado, defensor». Variante: *Mont*.
Lang	Del noruego antiguo, significa «hombre alto».
Lars	Nombre danés que significa «laurel».
Lennart	Del teutón, significa «bravo como un león». Variantes: *Lenn, Lenny*.
Lief	Nombre noruego que significa «descendiente».
Linnea	Nombre sueco femenino que significa «árbol de tilo».
Liv	Nombre noruego que significa «vida». Variante: *Live*.
Magnar	Nombre noruego que significa «guerrero vigoroso».
Maija	Versión finlandesa del nombre hebreo *Miriam*, que significa «amada por Dios». Variantes: *Maikki, Maiju, Mirja*.
Melker	Nombre sueco de origen hebreo, significa «rey».
Mielikki	Nombre finlandés que significa «agradable, placentera».
Niels	Del celta, significa «campeón». Variantes: *Niel, Neil, Nils, Niles*.
Olof	Del antiguo noruego, significa «descendiente, heredero». Variante: *Ola*.
Pal	Versión sueca del nombre latino *Paulus*. Significa «pequeño».
Pekka	Versión finlandesa del nombre greco-latino *Petrus*. Significa «piedra».

Ragnild	Del noruego antiguo, significa «diosa de la guerra».
Rigmor	Nombre de una reina danesa legendaria.
Roald	Del antiguo alemán, significa «célebre gobernante».
Rolf	Nombre noruego que significa «lobo alabado».
Rona	Nombre noruego que significa «fuerza poderosa».
Rurik	Del teutón, significa «famoso gobernante». Variantes: *Rur, Rick*.
Ruusu	Nombre finlandés que significa «rosa».
Selma	Del celta, significa «hermosa».
Signild	Nombre sueco que significa «victoria». Variante: *Signe*.
Sigrid	Del noruego antiguo, significa «victoriosa consejera».
Sigurd	Nombre noruego que significa «guardián victorioso». Variantes: *Sjur, Siver*.
Silje	Versión noruega del nombre latino *Cecilia*. Significa «la que no ve». Variantes: *Silie, Sissel*.
Siv	Nombre de una diosa, esposa del dios Thor.
Solveig	Nombre noruego que significa «mujer hogareña».
Sonja	Nombre noruego que significa «sabia». Variante: *Sonia*.
Sören	Nombre sueco que significa «pelirrojo».
Sorine	Del noruego antiguo, significa probablemente «hija del dios Thor».
Stig	Del teutón, significa «colina». Variantes: *Stigen, Stiggy*.
Stina	Apócope sueco del nombre de origen griego *Kristina*, que significa «cristiana». Variante: *Stinne*.
Svante	Nombre sueco femenino que significa «cisne».
Svend	Nombre noruego que significa «joven». Variantes: *Svein, Sven*.
Synnove	Del anglosajón, significa «don del sol». Variante: *Synna*.
Thor	Del noruego antiguo, nombre del dios del trueno. Variante: *Tor*.
Tilda	Del teutón, significa «heroína». Variante: *Tilde*.
Tordis	Nombre noruego que significa «diosa de Thor».
Torsten	Del teutón, significa «la roca de Tor».
Torunn	Nombre noruego que significa «amor de Thor».
Unn	Nombre noruego que significa «amor» y también «amada».
Valdemar	Nombre sueco que significa «célebre poder».
Vedis	Nombre sueco que significa «ninfa del bosque».
Vigdis	Nombre noruego que significa «diosa de la batalla».
Viljo	Del teutón, significa «resuelto protector». Variantes: *Vilho, Vilio*.

Viveka	Del antiguo alemán, significa «pequeña». Variante: *Vibeke*.
Yngve	Nombre sueco que significa «amo, señor» y también «ancestro».
Yrjo	Nombre danés de origen griego, significa «granjero».

Nombres franceses

La mayor parte de los nombres que se utilizan en Francia provienen de raíces latinas, aunque también del griego y del hebreo bíblico. Perviven asimismo muchos nombres provenientes de las lenguas originales de la región, como el gaélico y el dialecto germano de los francos. En la presente selección recogemos principalmente los que pertenecen al llamado «francés antiguo» (*Chantal, Guy, Yolande*, etc.), y también los de otras raíces que tienen una forma propia y particular en Francia, que hace que se los reconozca popularmente como «nombres franceses»(*Gautier, Madeleine, Ninon, Thierry*, etc.). Procuramos no incluir aquellos que tienen una clara traducción al español (*Albert, Cecile, Michel*, etc.) salvo en los casos mencionados o cuando son muy típicos y populares en Francia.

Advent	Significa «adviento», ciclo de culto religioso previo a la Navidad.
Aida	Significa «ayuda, protección». Variante: *Aidée*.
Aimée	Significa «amada, apreciada». Variantes: *Aimè, Ami, Amy*.
Alix	De origen germánico, significa «noble». Variantes: *Alissandre, Lissandre*.
Amarante	Por la flor del mismo nombre. Variantes: *Amara, Mara*.
Amédée	Significa «Dios amado».
Anäis	De origen griego, significa «gracia, don».
Ange	Significa «ángel». Variantes: *Angèle, Angeline, Angelique*.
Arnaud	De origen germánico, significa «águila poderosa». Variantes: *Arnot, Arnet, Arnald*.
Aude	Del francés antiguo, significa «longeva» y también «rica». Variante: *Auda*.
Babette	Diminutivo del nombre latino *Barbara*, que se usa como nombre propio. Significa «extranjera».

Beau	Significa «bello».
Bellamy	Significa «bello amigo». Variante: *Bell*.
Bernadette	Del alemán antiguo, significa «valerosa como un oso». Variantes: *Bernardine, Bernette*.
Blaise	De origen latino, significa «tartamudo».
Brice	De origen anglosajón, significa «hombre noble».
Bruce	Del francés antiguo, significa «del matorral boscoso». Variante: *Bruis*.
Carine	De origen latino, significa «querida, amada».
Celine	Apócope de *Marceline*, y más usual que éste. Del latín *marcelo*, que significa «martillo».
Cerisse	Significa «cereza», por el fruto del mismo nombre.
Coralie	Significa «coral». Variantes: *Coralee, Cora*.
Courtney	Significa «cortesano». Variantes: *Curt, Court*.
Curtis	Significa «cortés, amable». Variante: *Curtise*.
Chantal	Del francés antiguo, significa «canción».
Charlotte	Significa «pequeña» y también «femenina». Variantes: *Charlene, Charlaine*.
Damien	Por el santo patrón de los cirujanos. De origen griego, significa «obediente, obsequioso». Variantes: *Damiane, Damiana*.
Denise	Por el dios griego del vino, *Dionisos*. Variantes: *Denice, Denyse*.
Desirée	Significa «deseada, esperada». Variantes: *Désir, Désirat*.
Didier	Significa «deseado, amado». Variante: *Didi*.
Dominique	Del latín, significa «del Señor». Variantes: *Domitiane, Dina*.
Donatien	Significa «don, regalo».
Dorine	Significa «dorada». Variantes: *Dore, Dory*.
Emmanuelle	De origen hebreo, significa «Dios está con nosotros». Variantes: *Emma, Manuelle*.
Etiénne	De origen griego, significa «coronado de laureles». El equivalente en español es *Esteban*.
Fanette	Diminutivo francés usual de *Stephanie*, de origen griego. Significa «corona, coronada». Variantes: *Fanny, Tienette*.
Fantine	Significa «como una niña». Variante: *Tinne*.
Fleur	Del latín, significa «flor». Variantes: *Fleurette, Floriane, Florence*.
Fortuné	Significa «afortunado».
France	Por el país. Se utiliza habitualmente como nombre compuesto, como *Marie-France*.

Galatée   Significa «blanca». Variantes: *Gala, Tea*.

Gallia   Significa «tierra de los Galos», nombre romano del país francés. Variantes: *Gala, Galla*.

Gautier   De origen germánico, significa «jefe poderoso». Variante: *Gauthier*.

Germain   Significa «de Alemania».

Ghislain   De origen germánico, significa «dulce prenda».

Gilles   De origen griego, significa «escudero». Variantes: *Gill, Giles*.

Gisèle   De origen germánico, significa «prenda, promesa».

Guy   Del francés antiguo, significa «guía, conductor».

Hervé   De origen germánico, significa «guerrero». Variante: *Hervette*.

Ivonne   Del francés antiguo, significa «arquera». Variantes: *Yvonne, Yvette, Yvelinne*.

Jacqueline   De origen hebreo, significa «gracioso don de Dios». Variantes: *Jacquette, Jacquine*.

Jay   Significa «jade». Variante: *Jaye*.

Josette   Variante francesa de *Josephine*. Significa «favorita, mimada».

Jules   Variante francesa del latín *Julius*. Significa «juvenil». Variantes: *Julien, Julie*.

Kristell   Variante francesa del nombre de origen griego *Christine*. Significa «cristiana, devota de Cristo».

Lorraine   Por la región francesa del mismo nombre. El equivalente en español es *Lorena*.

Lowell   Significa «lobato, lobezno». Variantes: *Lovell, Lowe*.

Lyle   Significa «de la isla, isleño». Variante: *Lisle*.

Madeleine   De origen hebreo, significa «mujer de la región de Magdala» (como María Magdalena). Variantes: *Madeline, Mado*.

Margaux   Variante francesa de *Margueritte*, de origen griego. Significa «perla». Variantes: *Margo, Margot*.

Marjolaine   Por la flor de ese nombre. El equivalente en español es *Mejorana*.

Marlon   Significa «pichón de halcón». Variante: *Marlin*.

Melodie   Significa «melodía». Variantes: *Melo, Melody*.

Mignon   Significa «pequeña» y también «querida».

Mireille   Significa «milagrosa». Variante: *Mirey*.

Neville   Significa «de la ciudad nueva».

Ninon	De origen hebreo, significa «gracia». Variantes: *Nina, Nino*.
Noël	Significa «Navidad». Variante: *Natale*.
Orane	Significa «aurora, amanecer».
Orlena	Significa «de oro, dorada». Variante: *Orléne*.
Parfait	Significa «perfecto». Variante: *Perfect*.
Perrine	Variante femenina francesa de *Pierre*, de origen griego. Significa «piedra». Variante: *Pierrette*.
Remi	Significa «de la ciudad de Reims».
Renaud	De origen germánico. Significa «poder sabio». Variante: *Rennie*.
René	Significa: «renacido». Variante: *Renée*.
Romain	Significa «romano». Variante: *Romaine*.
Solange	Significa «solemne, digna». Variantes: *Solaine, Silane*.
Thierry	De origen germánico, significa «amo del pueblo».
Yolande	Del francés antiguo, significa «violeta».
Yves	Del francés antiguo, significa «arquero».

Nombres germánicos

Los nombres de origen germano se utilizan principalmente en Alemania, Austria y parte de Suiza, pero a lo largo de la historia muchos se han extendido y traducido a otras lenguas, y algunos alcanzan la misma universalidad que los nombres de raíz griega, latina o hebrea. En España, por ejemplo, son frecuentes *Luis, Amalia, Francisco, Elsa, Gustavo, Edith* o *Federico*, por citar sólo algunos. La mayor parte de los nombres alemanes provienen del teutón, arcaica lengua madre de los pueblos germánicos, que se extendían desde Islandia y Escandinavia a casi todo el norte de Europa. Algunos de sus dialectos formarían luego el «alto alemán», o alemán antiguo, del que provienen también muchos nombres germanos.

Ada	Significa «feliz, próspera».
Adelbert	Significa «oso noble». Variantes: *Adel, Bert*.
Albert	Del antiguo alemán, significa «noble» y también «brillante». Variantes: *Bert, Alberta*.
Alida	Del antiguo alemán, significa «reliquia». Variantes: *Aleda, Alyda, Alda*.
Amalie	Del teutón, significa «laboriosa». Variantes: *Amalia, Amelie*.

Antje   Significa «gracia». Variantes: *Ange, Anjie*.

Archibald Significa «el que actúa noblemente». Variantes: *Bald, Baldo*.

Aric   Del teutón, significa «jefe, gobernante». Variante: *Arick*.

Armin   Del teutón, significa «soldado».

Arnold   Del alemán antiguo, significa «águila poderosa». Variantes: *Arndt, Arend, Arno*.

Aurick   Del teutón, significa «jefe protector». Variante: *Aurico*.

Baldwin   Del teutón, significa «amigo valeroso». Variantes: *Balduin, Dwin*.

Berg   Del alemán antiguo, significa «montaña».

Bern   Del alemán antiguo, significa «oso». Variante: *Berne*.

Bernhard Del alemán antiguo, significa «valiente como el oso». Variantes: *Bernd, Berend*.

Brendan   Del teutón, significa «llama, fuego». Variantes: *Brend, Brendis*.

Brunhilde Del antiguo alemán, significa «heroína». Variante: *Brunilda*.

Dagmar   Del teutón, significa «alegría danesa».

Didrika   De origen germánico, significa «la que guía al pueblo».

Dieter   Significa «el que gobierna al pueblo». Variantes: *Dietrich, Derek, Dirk, Dietz*.

Eberhard Significa «fuerte como el jabalí». Variantes: *Eward, Evrard*.

Edeline   Del antiguo alemán, significa «noble», y también «de buen juicio». Variante: *Edda*.

Edith   Del teutón, significa «valioso presente». Variante: *Editha*.

Edwin   Del alemán antiguo, significa «feliz amigo».

Eginhard Significa «espada poderosa». Variantes: *Einhard, Egon*.

Elga   Versión alemana del nombre ruso *Olga*. Significa «sagrada, consagrada». Variantes: *Olga, Helga, Elgiva*.

Elke   Del teutón, significa «trabajadora, industriosa».

Else   Del antiguo alemán, significa «dama, mujer noble». Variantes: *Elsie, Ilse, Elyse, Ilyse*.

Ellery   Del teutón, significa «el que vive junto al alisal».

Emery   Del teutón, significa «gobernante laborioso». Variantes: *Amery, Emmerich, Emory*.

Emil   Del teutón, significa «enérgico».

Erika   Del noruego antiguo, significa «siempre poderosa».

Erna   Del teutón, significa «lista, sagaz». Variante: *Ernita*.

Ernst	Del teutón, significa «serio, reflexivo». Variante: *Erni*.
Folke	Del teutón, significa «protector del pueblo». Variante: *Volker*.
Franz	Del teutón, significa «libre, abierto». Variante: *Franziskus*.
Frida	Variante del nombre teutón *Winifred* (ver), que se utiliza como nombre propio.
Friedhelm	Del teutón, significa «paz duradera».
Friedrich	Del teutón, significa «gobernante pacífico». Variantes: *Friedrich, Friedel, Fredi, Fritz*.
Galiena	Del antiguo alemán, significa «encumbrada, sublime».
Garrick	Del teutón, significa «rey de la lanza». Variantes: *Garek, Garry*.
Geraldine	Del teutón, significa «guerrera poderosa».
Gerda	Significa «guardada, protegida». Variantes: *Gerde, Gerdi*.
Gertrude	Del teutón, significa «luchadora, combativa». Variantes: *Gertraud, Gertrud, Gertrudis, Trude, Trudy*.
Gottfried	Del teutón, significa «paz de Dios».
Gudrun	Significa «sabiduría divina». Variantes: *Gudruna, Druni*.
Günter	Del teutón, significa «ejército de combate».
Gustav	Del teutón, significa «el apoyo de los Dioses». Variantes: *Gustaf, Gus*.
Hagan	Del teutón, significa «fuerte defensor». Variante: *Hag*.
Halden	Del teutón, significa «medio danés». Variante: *Hald*.
Hedwig	Del teutón, significa «refugio en la batalla». Variantes: *Hadwig, Hedda, Hedy*.
Heidi	Del alemán antiguo, significa «noble, amable». Variantes: *Heida, Hilde*.
Helmut	Del teutón, significa «valeroso». Variante: *Helm*.
Hendrik	Del teutón, significa «amo de la propiedad». Variantes: *Heinrich, Heike, Hinrich*.
Heribert	Del teutón, significa «brillante guerrero». Variantes: *Bert, Berti*.
Hermann	Del teutón, significa «guerrero». Variantes: *Harm, Hermi*.
Herta	Significa «tierra». Variantes: *Hertha, Ertti*.
Hida	Significa «guerrera». Variantes: *Gidda, Gilda*.
Hildegarde	Del teutón, significa «protección en la batalla». Variante: *Hilde*.
Hubert	Del teutón, significa «mente clara». Variantes: *Humbert, Bert*.
Humfried	Del teutón, significa «huno amistoso».
Ida	Significa «activa, decidida». Variantes: *Idna, Idaia, Idalie*.

Inga   Del teutón, significa «hija». Variantes: *Inge, Inger, Ingeborg*.

Ingrid   Del teutón, significa «la hija del héroe».

Irma   Del antiguo alemán, significa «diosa de la guerra». Variantes: *Erma, Irmine, Irmgard*.

Isolde   Del antiguo alemán, significa «la que domina el hielo».

Kaspar   De origen persa, significa: «tesoro secreto».

Klaus   Variante alemana del griego *Nikolas*, significa «victoria del pueblo». Variantes: *Niklaus, Klaas*.

Konrad   Del antiguo alemán, significa «honesto consejero». Variantes: *Conrad, Kunz, Kord, Kurt*.

Leonhard   Del teutón, significa «león valeroso». Variantes: *Leo, Leon*.

Leopold   Del teutón, significa «valiente por el pueblo». Variantes: *Leo, Leupold, Luitpold, Poldi*.

Lothar   Del teutón, significa «célebre guerrero». Variante: *Lothario*.

Ludwig   Del alemán antiguo, significa «célebre guerrero». Variantes: *Louis, Lutz, Lewis, Lew*.

Luise   Del antiguo alemán, significa «célebre guerrera». Variante: *Louise*.

Manfred   Del antiguo alemán, significa «hombre de paz».

Matilde   Del teutón, significa «valerosa en el combate». Variantes: *Mathilda, Mattie, Maud*.

Minna   Del teutón, significa «valiente, resuelta». Variantes: *Minne, Minnie*.

Oswald   Del teutón, significa «poder divino». Variantes: *Osvald, Oswaldo*.

Otthild   Del antiguo alemán, significa «heroína afortunada». Variantes: *Ottila, Otilia, Otta, Ottie*.

Otto   Del teutón, significa «próspero, rico». Variante: *Odo*.

Paxton   Del teutón, significa «mercader».

Ragnild   Del teutón, significa «gran sabiduría». Variantes: *Reinhald, Renilde, Renilda*.

Raimund   Del teutón, significa «protector poderoso».

Rainer   Del antiguo alemán, significa «consejero». Variantes: *Reiner, Rainero*.

Randolf   Variante de *Raul* (ver), que se utiliza como nombre propio.

Raul   Del teutón, significa «sabio» y también «fuerte». Variantes: *Rudolf, Randolf, Ralf*.

Reinhard   Del antiguo alemán, significa «juicio sereno». Variantes: *Rainart, Rainhard, Reinke*.

Richard	Del antiguo alemán, significa «jefe poderoso». Variantes: *Rik, Rick, Rich, Richie.*
Robert	Del teutón, significa «de brillante fama». Variantes: *Rupert, Rubert, Ruprecht.*
Roderick	Del teutón, significa «gobernante célebre». Variantes: *Rod, Rurik.*
Roger	Del teutón, significa «famoso guerrero». Variantes: *Rotger, Rutger, Rüdiger.*
Roland	Del teutón, significa «aclamado por el pueblo».
Rolf	Del teutón, significa «lobo veloz». Variantes: *Rolfi, Rolfin.*
Rudi	Del teutón, significa «famoso lobo». Variantes: *Rud, Ruddy.*
Rudolf	Variante de *Raul* (ver), que se utiliza como nombre propio.
Senta	Del antiguo alemán, significa: «la que ayuda o asiste».
Siegfred	Del teutón, significa «conquistador de la paz». Variantes: *Sigfrid, Sigfrido.*
Siegmund	Del teutón, significa «victoria protectora». Variantes: *Sigmund, Sigmunde.*
Silke	Versión alemana del nombre latino *Cecilia*. Significa «la que no ve».
Sunhild	Del teutón, significa «doncella cisne».
Theobald	Del teutón, significa «príncipe del pueblo». Variantes: *Bald, Baldo.*
Tilda	Del teutón, significa «heroína». Variante: *Tilde.*
Ulrika	Del antiguo alemán, significa «el ama de todos». Variantes: *Ulrica, Ulka, Uli.*
Ullrich	Del teutón, significa «jefe de todos». Variantes: *Hulrich, Udo, Uwe, Uli.*
Verena	Del teutón, significa «protectora». Variantes: *Verina, Verni.*
Volker	Del alemán antiguo, significa «guardián del pueblo». Variante: *Folker.*
Walther	Del teutón, significa «guerrero poderoso». Variantes: *Valter, Walder, Walt.*
Wanda	Del antiguo alemán, significa «maravilla, maravillosa».
Werner	Del teutón, significa «buen guardián». Variantes: *Warner, Wernhard.*
Wilfred	Del teutón, significa «paz duradera». Variantes: *Wilf, Ilfe.*
Wilhelm	Del teutón, significa «seguro protector». Variantes: *Wilm, Willi.*
Winifred	Del teutón, significa «amiga de la paz». Variantes: *Winfrieda, Winna, Winnie, Frida.*

Wolfgang	Del teutón, significa «el ascenso del lobo». Variantes: *Wolf* (Lobo), *Wolfi*.

Nombres italianos

La mayor parte de los nombres italianos comparten las raíces latinas, germánicas, hebreas y otras comunes a los nombres españoles. Tienen, por tanto, una clara traducción a nuestra lengua y el mismo significado. Enumeramos aquí los que son más propios de la península Itálica y que no se pueden, o no se suelen, traducir al español. Agregamos al final una lista de los nombres que, aún teniendo traducción española, pueden resultar más sonoros o más sugerentes en italiano.

Aldo	De origen germánico, significa «el mayor».
Allegra	Significa «alegre».
Andrea	De origen griego, significa «masculino, viril».
Annunziata	Significa «anunciada», por la Anunciación de la Virgen. Variante: *Nunzia*.
Arrigo	Versión italiana de *Enrico*, de origen germánico. Significa «el amo de la propiedad».
Bruno	Significa «moreno, de cabellos negros». Variantes: *Bruns, Bruna*.
Carmine	Variante masculina de *Carmen*. Significa «huerta, jardín».
Cira	Nombre propio de Italia, quizá proveniente de la raíz persa *cir-*, que significa «sol».
Concetta	Significa «concebida», por referencia a la Inmaculada Concepción. Variante: *Conchetta*.
Constanza	Significa «constancia». Es más frecuente en Italia que en otros países latinos. Variantes: *Constantia, Constantina*.
Corrado	De origen germánico, significa «sabio consejero».
Dante	Significa «el último hijo».
Donato	Significa «regalado» o también «el que tiene dones». Variantes: *Donatello, Donata*.
Enzo	Versión italiana de *Enrico*. De origen germánico, significa «amo de la propiedad».

Ercole   Versión italiana de *Hércules*, significa «glorioso». Variante: *Ercolano*.

Ermanno   De origen germánico, significa «guerrero». Variante: *Manno*.

Fabiano   Significa «cultivador de guisantes». Variantes: *Fabio, Fabiana*.

Fabrizio   Significa «artesano». Variante: *Fabrizia*.

Fausto   Significa «alegre» y también «afortunado». Variantes: *Faustino, Faustina*.

Flaminia   De la antigua Roma, significa «llameante, brillante».

Flavio   Significa «de cabellos rubios». Variante: *Flavia*.

Fortunata   Significa «afortunada». Variantes: *Fortuna, Fortune*.

Gelsomina   De origen persa, significa «jazmín».

Gina   Variación italiana del nombre latino *Eugenia*. Significa «matrona, dama noble».

Giuditta   Versión italiana del nombre hebreo *Judith*. Significa «apreciada».

Guido   Significa «vida». Variante: *Guidetta*.

Letizia   Significa «alegre». Es más frecuente en Italia que en otros países latinos.

Lia   De origen griego, significa «la que trae buenas nuevas».

Mauro   De origen griego, significa «moreno, de piel oscura». Variantes: *Maura, Mauricio*.

Nicia   Forma femenina de *Nicola*, significa «victoria del pueblo». Variante: *Nicoletta*.

Nuncio   Significa «el mensajero». Variantes: *Nuncia, Nunzio*.

Oriana   Significa «dorada» y también «oriental». Variante: *Oria*.

Orlando   De origen germánico, significa «de un país famoso». Variante: *Lando*.

Regina   Significa «reina».

Renato   Significa «renacido». Variantes: *Natto, Renata*.

Romano   Significa, como en español, «de la ciudad de Roma». Variante: *Romana*.

Ruggero   Significa «célebre guerrero». Variantes: *Ruggiero, Rogero*.

Sabrina   Del latín, significa «de la frontera». Variante: *Brina*.

Sandro   Apócope italiano de *Alessandro*, de origen griego. Significa «defensor de la humanidad». Variantes: *Sandrino, Sandra*.

Silvano   Variante italiana del nombre latino *Silvio*. Significa: «silvestre». Variante: *Silvana*.

Tiberio   Significa «del río Tíber». Variante: *Tiberia*.

Tito	De origen griego, significa «gigante». Variantes: *Titto, Tita*.
Trista	Significa «triste, melancólica».
Valerio	Significa «valeroso, audaz». Variantes: *Valeria, Valentino/a*.
Vitale	Significa «vital, vivaz». Variante: *Vito*.

Otros nombres habituales en italiano

Femeninos: A*lessandra, Andreana, Benedetta, Bianca, Fidelia, Fiorenza, Giulia, Martina, Melania, Ottavia, Paola, Serena*.

Masculinos: *Adriano, Beniamino, Enea, Ettore, Fidelio, Gian, Gino, Lucca, Lucio, Marino, Patrizio, Piero, Stefano, Tomasso*.

Nombres japoneses

Los nombres que se utilizan en Japón provienen de la lengua autóctona del archipiélago nipón, sin apenas influencias exteriores. La gran mayoría tienen un significado claro en el idioma japonés actual, a menudo en forma poética (por ejemplo, *Akemi*: «luz del amanecer», o *Chizu*: «bandada de cigüeñas»). Al contrario que en muchas lenguas occidentales, no hay prácticamente referencias a aptitudes guerreras, y son escasas las alusiones religiosas. Los nombres suelen referirse a virtudes personales, a elementos agradables de la naturaleza, como cascadas o flores, o a los sentimientos hacia el recién nacido.

En Japón, como en la Roma antigua, se acostumbra a poner nombres ordinales a los hijos varones (*Taro*, al primogénito; *Jiro*, al segundo; etc.), pero no es un uso preceptivo.

Aiko	Nombre de mujer que significa «pequeño amor, amada».
Akemi	Nombre de varón que significa «luz del amanecer»
Akihito	Nombre de varón que significa «niño brillante». Variante: *Akihiko*.
Akina	Nombre de mujer que significa «flor brillante» y también «flor de primavera».
Akira	Nombre de varón que significa «inteligente, listo».
Azami	Nombre de mujer que significa «flor de cardo».

Chizu Nombre de mujer que significa «bandada de cigüeñas». Variante: *Chizuko*.

Dai Nombre de mujer que significa «grande».

Etsu Nombre de mujer que significa «deliciosa».

Haru Nombre de mujer que significa «nacida en primavera».

Hideaki Nombre de varón que significa «sabio».

Hiroko Nombre de mujer que significa «generosa, magnánima».

Hiromasa Nombre de varón que significa «justo, tolerante».

Hiroshi Nombre de varón que significa «generoso, dadivoso».

Hisoka Nombre de varón que significa «prudente, reservado».

Isamu Nombre de mujer que significa «fuerte, resistente».

Ishi Nombre de mujer que significa «piedra». Variante: *Ishie*.

Iwa Nombre de mujer que significa «roca, peñón».

Jiro Nombre de varón que significa «segundo hijo varón».

Joji Nombre de varón que significa «granjero, hortelano».

Junko Nombre de mujer que significa «obediente, sumisa».

Kaiyo Nombre de mujer que significa «olvido».

Kaoru Nombre de mujer que significa «fragante, perfumada».

Kazuo Nombre de varón que significa «hombre de paz».

Kichi Nombre de mujer que significa «afortunada». Variante: *Yoshi*.

Kikuko Nombre de mujer que significa «crisantemo».

Kimiko Nombre de mujer que significa «noble». Variantes: *Kimiyo, Kimie, Kimi*.

Kin Nombre de varón que significa «dorado, valioso como el oro».

Kioko Nombre de mujer que significa «espejo». Variante: *Kyoko*.

Kishi Nombre de mujer que significa «playa». Variante: *Kishiko*.

Kiyoshi Nombre mixto que significa «serenidad, claridad».

Kohana Nombre de mujer que significa «pimpollo, flor pequeña». Variante: *Kojana*.

Konomi Nombre de mujer que significa «nueces».

Kozue Nombre de mujer que significa «rama de buen árbol».

Kukiko Nombre de mujer que significa «nieve». Variante: *Kuki*.

Kumi Nombre de mujer que significa «novia». Variante: *Kumiko*.

Mai Nombre de mujer que significa «brillante». Variante: *Maiko*.

Masahiro Nombre de varón que significa «comprensivo, tolerante».

Masato Nombre de varón que significa «justo, ecuánime».

Matsuko Nombre de mujer que significa «pino» y, en general, «árbol fuerte». Variante: *Matsu*.

Michiko Nombre de mujer que significa «bella y sabia».

Mika Nombre de mujer que significa «luna nueva».

Misao Nombre de mujer que significa «fidelidad».

Mitsu Nombre de mujer que significa «luz». Variante: *Mitsuko*.

Nagisa Nombre de mujer que significa «orilla, ribera».

Nami Nombre de mujer que significa «ola». Variante: *Namiko*.

Nani Nombre de mujer de origen polinesio, que significa «bella».

Naoko Nombre de varón que significa «honesto».

Nari Nombre de mujer que significa «roble» y también «serenidad». Variante: *Nariko*.

Nioko Nombre de mujer que significa «gema, piedra preciosa».

Raiden Nombre de varón que significa «dios del trueno».

Raku Nombre de mujer que significa «placer, disfrute».

Ruri Nombre de mujer que significa «esmeralda». Variante: *Ruriko*.

Saburo Nombre de varón que significa «tercer hijo varón».

Sai Nombre de mujer que significa «talentosa, inteligente».

Sakura Nombre de mujer que significa «flor de cerezo» y también «saludable, próspera».

Samuru Nombre de varón que significa «nombre de Dios».

Seiko Nombre de mujer que significa «verdadera, auténtica».

Shino Nombre de mujer que significa «esbelta rama de bambú».

Shiro Nombre de varón que significa «cuarto hijo varón».

Shizu Nombre de mujer que significa «tranquila, serena». Variantes: *Shizuyo, Shizuko, Shizue*.

Suki Nombre de mujer que significa «querida, amada». Variante: *Sukiyo*.

Suzuki Nombre de mujer que significa «flor de campanilla». Variantes: *Suzu, Suzue*.

Takara Nombre de mujer que significa «preciosa, tesoro».

Takeko Nombre de mujer que significa «bambú», y también «fidelidad». Variante: *Také*.

Takeshi Nombre de varón que significa «inquebrantable como el bambú».

Taki Nombre de mujer que significa «pequeña cascada».

Tama Nombre de mujer que significa «joya». Variante: *Tamaki*, «brazalete enjoyado».

Tanaka Nombre de mujer que significa «la que vive en el pantano de arroz».

Tané Nombre de mujer que significa «semilla». Variante: *Taneko*.

Taro	Nombre de varón que significa «primer hijo varón, primogénito».
Tatsu	Nombre de mujer que significa «mujer dragón».
Tokiwa	Nombre de mujer que significa «siempre fiel, constante».
Tora	Nombre de mujer que significa «tigra, tigresa».
Toshi	Nombre de mujer que significa «nacida en un año de plenitud». Variante: *Toshiko*.
Toshihiro	Nombre de varón que significa «de gran sabiduría». Variante: *Toshiro*.
Yasahiro	Nombre de varón que significa «tranquilo, pacífico». Variante: *Yasuo*.
Yasu	Nombre de mujer que significa «pacífica». Variante: *Yasuko*.
Yayoi	Nombre de mujer que significa «nacida en primavera».
Yoko	Nombre de mujer que significa «delicada, femenina».
Yukio	Nombre de varón que significa «niño de las nieves» y también «el que sigue su propio camino».

Nombres rusos

Agrupamos en este apartado los nombres que se utilizan en la vasta región eurasiática comprendida en la cultura y la tradición rusa, también llamada «Rusia blanca», para diferenciarla de la Rusia centro-oriental habitada por etnias asiáticas. Comprende el extremo occidental de Rusia, Bielorrusia, Ucrania y Georgia, y extiende su influencia onomástica sobre Polonia y los países bálticos (Lituania, Letonia, y Estonia).

La mayor parte de los nombres rusos provienen del tronco eslavo o de los dialectos nacionales derivados de éste, como el propio ruso, el ucraniano o el georgiano. Como en todas las lenguas europeas, hay también fuertes influencias del griego y el latín clásicos, y del hebreo bíblico. Incluimos en esta selección los nombres más particulares de Rusia, así como los de otro origen que se han popularizado en su forma eslava.

Adrik	Del latín, significa «del Adriático». Variante: *Andrian*.
Akilina	Nombre de origen latino que significa «águila». Variantes: *Kilin, Kilina*.

Alexei Versión eslava del nombre griego *Alexandre*, que significa «defensor de la humanidad». Variantes: *Alex, Alyosha, Alyoshenka*.

Alma Por el río del mismo nombre, en la Crimea ucraniana.

Alla Nombre tradicional ruso, de significado desconocido. Variante: *Allochka*.

Anastasia Del griego, significa «resurrección». Variantes: *Nastassia, Tasya, Tasenka, Stasya, Nastya*.

Anatoli Nombre de origen griego, que significa «oriental». Variantes: *Tolya, Tolenka*.

Boris Nombre eslavo que significa «guerrero». Variantes: *Borya, Boryenka*.

Burian Nombre ucraniano que significa «el que vive en el pajonal».

Danyko Nombre ucraniano de origen griego, significa «Dios es mi juez». Variantes: *Danilo, Danilet*.

Dasha Nombre de origen griego, significa «don de Dios».

Duscha Nombre eslavo que significa «alma».

Fedor Del griego, significa «don de Dios». Variantes: *Fedya, Fyodor*.

Galina Nombre de origen hebreo, que significa «redención de Dios». Variantes: *Galenka, Galochka, Galya*.

Gavril Versión eslava del nombre de origen hebreo *Gabriel*, que significa «mensajero de Dios». Variantes: *Gavrel, Gav, Gavya*.

Hedeon Nombre ucraniano que significa «talador de bosques».

Igor Versión eslava del nombre de origen griego *Jorge*, que significa «granjero». Variantes: *Egor, Gorya, Egorushka*.

Ivan Versión eslava del nombre hebreo *Juan*, que significa «don de Dios». Variantes: *Ivana, Vanya, Vanyusha*.

Kolya Variante de *Nikolai*, que se utiliza como nombre propio. De origen griego, significa «victorioso».

Kostya Variante femenina del nombre griego *Konstantin*, que significa «constante, tenaz». Variantes: *Kostenka, Kostyusha*.

Lada Nombre de la diosa de la belleza en la mitología eslava.

Larisa Del latín, significa «alabada». Variantes: *Lara, Larochka*.

Leonid De origen latino, significa «león». Variantes: *Leonide, Lev, Levka*.

Ludmila Nombre eslavo que significa «amada por el pueblo». Variantes: *Lyudmila, Lubmila, Lyubonka, Lyuba, Milena*.

Mavra   Nombre de origen latino, que significa «morena, mora».

Nadia   Nombre eslavo que significa «esperanza». Variantes: *Nadya, Nadysha, Nadezhda, Nadenka, Nadiuska*.

Nina   Nombre de origen hebreo, que significa «gracia». Variante: *Ninochka*.

Oleg   Forma masculina de *Olga* (ver), significa «sagrado». Variante: *Olezka*.

Olena   Nombre de origen griego, que significa «luz». Variantes: *Lenusya, Alena, Alenka, Lyalya*.

Olga   Nombre eslavo que significa «sagrada, consagrada». Variantes: *Olya, Olenka, Olechka*.

Osip   Nombre ucraniano de origen hebrero, que significa «obra de Dios». Variante: *Yosif*.

Pasha   Nombre femenino de origen griego, que significa «oriental».

Rahil   Nombre de origen hebreo, que significa «cordero inocente».

Sacha   Apócope del nombre de origen griego *Alexandre/a*, que significa «defensor/a de la humanidad». Variantes: *Sasha, Sashenko, Sashenka*.

Serguei   Versión eslava del nombre etrusco *Sergio*, que significa «vigilante». Variante: *Seriozha*.

Sonia   Versión eslava del nombre griego *Sofia*, que significa «sabiduría». Variantes: *Sonya, Sonechka, Sonyusha, Sofiya*.

Stanislav   Nombre eslavo, que significa «lugar de gloria». Variantes: *Stas, Stanis, Slavik*.

Svetlana   Nombre eslavo que significa «estrella brillante». Variantes: *Sveta, Svetochka*.

Tanya   En la mitología eslava, nombre de la reina de las hadas. Variantes: *Tania, Tanechka, Tatiana*.

Valeri   Del nombre latino *Valerio*, significa «fuerte, valeroso». Variante: *Valerik*.

Vanya   Diminutivo de *Anna*, que significa «gracia». Variante: *Vania*.

Varvara   Versión eslava del nombre latino *Barbara*, que significa «extranjera». Variantes: *Varinka, Varenka, Varyusha*.

Vasili   Del griego, significa «real, regio». Variantes: *Vasilik, Vasya*.

Velika   Nombre eslavo que significa «grande, grandiosa».

Vera   Del latín, significa «verdadera». Variante: *Verochka*.

Vladimir   Nombre eslavo que significa «dueño de la paz». Variantes: *Volodya, Dimka, Vimka, Bolodenka*.

Vladislav   Nombre eslavo que significa «poseedor de la gloria». Variantes: *Vladya, Vladik*.

Yeva   Nombre ucraniano de origen griego, que significa «vida». Variantes: *Yevtsye, Yevunye*.

Yuliya   Versión eslava del nombre latino *Julia*, que significa «juvenil». Variante: *Yulenka*.

Yurik   Versión del nombre eslavo *Igor* (ver), que significa «granjero». Variantes: *Yuri, Yura*.

Ziven   Nombre eslavo que significa «vigoroso, fuerte». Variantes: *Zivon, Ziv*.

Zoya   Del griego, significa «vida». Variantes: *Zoia, Zoyenka, Zoyechka*.

Índice de nombres extranjeros

A

Åage - Nombres escandinavos
Åase - Nombres escandinavos
Abbas - Nombres árabes
Abbud - Nombres árabes
Abd Al - Nombres árabes
Abd Al Hakim - Nombres árabes
Abd Al Jamid - Nombres árabes
Abd Al Kadir - Nombres árabes
Abd Al Rahman - Nombres árabes
Abd Al Rashid - Nombres árabes
Abdula - Nombres árabes
Abigail - Nombres británicos
Abir - Nombres árabes
Ada - Nombres germánicos
Adahi - Nombres americanos
Adara - Nombres árabes
Adelbert - Nombres germánicos
Adil - Nombres árabes
Adiva - Nombres árabes
Adrik - Nombres rusos
Adsila - Nombres americanos
Advent - Nombres franceses
Affrica - Nombres británicos
Agatha - Nombres británicos
Ahmad - Nombres árabes
Aida - Nombres franceses
Aiko - Nombres japoneses
Ailsa - Nombres escandinavos
Aimée - Nombres franceses
Áine - Nombres británicos

Aisha - Nombres árabes
Akecheta - Nombres americanos
Akemi - Nombres japoneses
Akihito - Nombres japoneses
Akilina - Nombres rusos
Akina - Nombres japoneses
Akira - Nombres japoneses
Aksel - Nombres escandinavos
Alan - Nombres británicos
Alana - Nombres americanos
Albert - Nombres germánicos
Albinka - Nombres centroeuropeos
Aldo - Nombres italianos
Alexei - Nombres rusos
Alfred - Nombres británicos
Ali - Nombres árabes
Alida - Nombres germánicos
Alima - Nombres árabes
Alin - Nombres centroeuropeos
Alina - Nombres centroeuropeos
Alison - Nombres británicos
Alix - Nombres franceses
Alla - Nombres rusos
Allegra - Nombres italianos
Allister - Nombres británicos
Alma - Nombres británicos
Alma - Nombres rusos
Aloha - Nombres americanos
Alois - Nombres centroeuropeos
Alzbata - Nombres centroeuropeos
Amalie - Nombres germánicos
Amambaí - Nombres americanos

Amarante - Nombres franceses
Amédée - Nombres franceses
Amin - Nombres árabes
Aminah - Nombres árabes
Amir - Nombres árabes
Ammar - Nombres árabes
Amund - Nombres escandinavos
Anaba - Nombres americanos
Anäis - Nombres franceses
Anastasia - Nombres rusos
Anatoli - Nombres rusos
Andras - Nombres escandinavos
Andrea - Nombres italianos
Andrzej - Nombres centroeuropeos
Ange - Nombres franceses
Annunziata - Nombres italianos
Antal - Nombres centroeuropeos
Antje - Nombres germánicos
Antti - Nombres escandinavos
Apiatan - Nombres americanos
Archibald - Nombres germánicos
Argus - Nombres escandinavos
Aric - Nombres germánicos
Arild - Nombres escandinavos
Arkin - Nombres escandinavos
Armin - Nombres germánicos
Arnaud - Nombres franceses
Arne - Nombres escandinavos
Arnold - Nombres germánicos
Árpád - Nombres centroeuropeos
Arrigo - Nombres italianos
Arthur - Nombres británicos
Arvada - Nombres escandinavos
Arve - Nombres escandinavos
Ashild - Nombres escandinavos
Ashley - Nombres británicos
Ashraf - Nombres árabes
Asim - Nombres árabes
Astrid - Nombres escandinavos
Asvoria - Nombres escandinavos

Atahualpa - Nombres americanos
Atai - Nombres americanos
Atiya - Nombres árabes
Aude - Nombres franceses
Audhild - Nombres escandinavos
Audrey - Nombres británicos
Audun - Nombres escandinavos
Aurek - Nombres centroeuropeos
Aurick - Nombres germánicos
Awinita - Nombres americanos
Azami - Nombres japoneses

B

Babette - Nombres franceses
Bahira - Nombres árabes
Baird - Nombres británicos
Bajir - Nombres árabes
Baldwin - Nombres germánicos
Baraka - Nombres árabes
Barclay - Nombres británicos
Barry - Nombres británicos
Barth - Nombres británicos
Basim - Nombres árabes
Beau - Nombres franceses
Béla - Nombres centroeuropeos
Bellamy - Nombres franceses
Bente - Nombres escandinavos
Berg - Nombres germánicos
Berit - Nombres escandinavos
Bern - Nombres germánicos
Bernadette - Nombres franceses
Bernhard - Nombres germánicos
Bertil - Nombres escandinavos
Bértok - Nombres centroeuropeos
Bevan - Nombres británicos
Beverly - Nombres británicos
Birger - Nombres escandinavos
Birgit - Nombres escandinavos
Bjorn - Nombres escandinavos

Blair - Nombres británicos
Blaise - Nombres franceses
Blake - Nombres británicos
Blenda - Nombres escandinavos
Bo - Nombres escandinavos
Bogdan - Nombres centroeuropeos
Bohuslav - Nombres centroeuropeos
Boian - Nombres centroeuropeos
Borbàla - Nombres centroeuropeos
Boris - Nombres rusos
Börje - Nombres escandinavos
Boyd - Nombres británicos
Bozena - Nombres centroeuropeos
Brad - Nombres británicos
Bradley - Nombres británicos
Brandon - Nombres británicos
Brede - Nombres escandinavos
Brendan - Nombres germánicos
Brendan - Nombres británicos
Brenna - Nombres británicos
Brent - Nombres británicos
Bretta - Nombres británicos
Brian - Nombres británicos
Brice - Nombres franceses
Bridget - Nombres británicos
Brindusa - Nombres centroeuropeos
Brita - Nombres escandinavos
Bronislaw - Nombres centro-
   europeos
Brook - Nombres británicos
Bruce - Nombres británicos
Bruce - Nombres franceses
Brunhilde - Nombres germánicos
Bruno - Nombres italianos
Brynhild - Nombres escandinavos
Burian - Nombres rusos
Byron - Nombres británicos

C

Callaghan - Nombres británicos
Cameron - Nombres británicos
Cara - Nombres británicos
Carey - Nombres británicos
Carine - Nombres franceses
Carmine - Nombres italianos
Carr - Nombres escandinavos
Carroll - Nombres británicos
Carter - Nombres británicos
Cassidy - Nombres británicos
Caupolicán - Nombres americanos
Cedric - Nombres británicos
Celine - Nombres franceses
Cerisse - Nombres franceses
Cestmir - Nombres centroeuropeos
Chad - Nombres británicos
Chantal - Nombres franceses
Charlotte - Nombres franceses
Chayton - Nombres americanos
Chelsea - Nombres británicos
Chester - Nombres británicos
Chizu - Nombres japoneses
Cikala – Nombres americanos
Cira - Nombres italianos
Clifford - Nombres británicos
Clive - Nombres británicos
Coleen - Nombres británicos
Concetta - Nombres italianos
Constanza - Nombres italianos
Conway - Nombres británicos
Cooper - Nombres británicos
Coralie - Nombres franceses
Cordelia - Nombres británicos
Corey - Nombres británicos
Cornel - Nombres centroeuropeos
Corrado - Nombres italianos
Courtney - Nombres franceses

Craig - Nombres británicos
Csaba - Nombres centroeuropeos
Cuauhtémoc - Nombres americanos
Curtis - Nombres franceses
Czeslaw - Nombres centroeuropeos

D

Dabir - Nombres árabes
Dagmar - Nombres germánicos
Dagny - Nombres escandinavos
Dahab - Nombres árabes
Dai - Nombres japoneses
Dale - Nombres escandinavos
Damien - Nombres franceses
Dana - Nombres británicos
Dante - Nombres italianos
Danyko - Nombres rusos
Darren - Nombres británicos
Dasha - Nombres rusos
Davin - Nombres escandinavos
Davis - Nombres británicos
Dawn - Nombres británicos
Dean - Nombres británicos
Deirdre - Nombres británicos
Denby - Nombres escandinavos
Denise - Nombres franceses
Derek - Nombres británicos
Desirée - Nombres franceses
Devin - Nombres británicos
Didier - Nombres franceses
Didrika - Nombres germánicos
Dieter - Nombres germánicos
Dimitur - Nombres centroeuropeos
Disa - Nombres escandinavos
Dodek - Nombres centroeuropeos
Doli - Nombres americanos
Dominique - Nombres franceses
Domokos - Nombres centroeuropeos
Donald - Nombres británicos

Donatien - Nombres franceses
Donato - Nombres italianos
Donovan - Nombres británicos
Doreen - Nombres británicos
Dorika - Nombres centroeuropeos
Dorine - Nombres franceses
Douglas - Nombres británicos
Dragos - Nombres centroeuropeos
Dudley - Nombres británicos
Duncan - Nombres británicos
Duscha - Nombres rusos
Dustin - Nombres británicos

E

Ebba - Nombres escandinavos
Eberhard - Nombres germánicos
Edeline - Nombres germánicos
Edith - Nombres germánicos
Edward - Nombres británicos
Edwin - Nombres germánicos
Egan - Nombres británicos
Eginhard - Nombres germánicos
Egon - Nombres escandinavos
Eikki - Nombres escandinavos
Einar - Nombres escandinavos
Elga - Nombres germánicos
Elke - Nombres germánicos
Ellen - Nombres británicos
Ellery - Nombres germánicos
Ellery - Nombres británicos
Elliot - Nombres británicos
Else - Nombres germánicos
Elton - Nombres británicos
Elvis - Nombres escandinavos
Emery - Nombres germánicos
Emil - Nombres germánicos
Emmanuelle - Nombres franceses
Enapay - Nombres americanos
Enzo - Nombres italianos

Ercole - Nombres italianos
Erik - Nombres escandinavos
Erika - Nombres germánicos
Erin - Nombres británicos
Erlina - Nombres británicos
Erling - Nombres escandinavos
Ermanno - Nombres italianos
Erna - Nombres germánicos
Ernst - Nombres germánicos
Eskil - Nombres escandinavos
Esnana - Nombres americanos
Etiénne - Nombres franceses
Etsu - Nombres japoneses
Evan - Nombres británicos

F

Fabiano - Nombres italianos
Fabrizio - Nombres italianos
Fadi - Nombres árabes
Fadil - Nombres árabes
Fadila - Nombres árabes
Fahd - Nombres árabes
Fakhir - Nombres árabes
Fanette - Nombres franceses
Fanny - Nombres británicos
Fantine - Nombres franceses
Farid - Nombres árabes
Farida - Nombres árabes
Farrel - Nombres británicos
Faruk - Nombres árabes
Fátima - Nombres árabes
Fausto - Nombres italianos
Faysal - Nombres árabes
Fedor - Nombres centroeuropeos
Fedor - Nombres rusos
Ferenc - Nombres centroeuropeos
Fidanka - Nombres centroeuropeos
Finn - Nombres escandinavos
Fiona - Nombres británicos

Fisk - Nombres escandinavos
Fitzgerald - Nombres británicos
Fitzpatrick - Nombres británicos
Flaminia - Nombres italianos
Flavio - Nombres italianos
Fleming - Nombres británicos
Fletcher - Nombres británicos
Fleur - Nombres franceses
Florica - Nombres centroeuropeos
Flynn - Nombres británicos
Folke - Nombres germánicos
Fortunata - Nombres italianos
Fortuné - Nombres franceses
Foster - Nombres británicos
France - Nombres franceses
Frantisek - Nombres centroeuropeos
Franz - Nombres germánicos
Freya - Nombres escandinavos
Frida - Nombres germánicos
Frideborg - Nombres escandinavos
Friedhelm - Nombres germánicos
Friedrich - Nombres germánicos

G

Gábor - Nombres centroeuropeos
Gail - Nombres británicos
Galatée - Nombres franceses
Gale - Nombres escandinavos
Galiena - Nombres germánicos
Galina - Nombres rusos
Gallia - Nombres franceses
Garret - Nombres británicos
Garrick - Nombres germánicos
Gary - Nombres británicos
Gautier - Nombres franceses
Gavin - Nombres británicos
Gavril - Nombres rusos
Gelsomina - Nombres italianos
Geoffrey - Nombres británicos

Geraldine - Nombres germánicos
Gerda - Nombres germánicos
Germain - Nombres franceses
Germund - Nombres escandinavos
Gertrude - Nombres germánicos
Ghalib - Nombres árabes
Ghaliya - Nombres árabes
Ghislain - Nombres franceses
Gilles - Nombres franceses
Gina - Nombres italianos
Gisèle - Nombres franceses
Giuditta - Nombres italianos
Glynis - Nombres británicos
Gordon - Nombres británicos
Gottfried - Nombres germánicos
Graham - Nombres británicos
Gudrun - Nombres germánicos
Gudrun - Nombres escandinavos
Guido - Nombres italianos
Gunilla - Nombres escandinavos
Gunnar - Nombres escandinavos
Günter - Nombres germánicos
Gurí - Nombres americanos
Gustav - Nombres germánicos
Gutka - Nombres centroeuropeos
Guy - Nombres franceses
Gwendolyn - Nombres británicos
Gyöngyi - Nombres centroeuropeos
Gyula - Nombres centroeuropeos

H

Habib - Nombres árabes
Hacheji - Nombres americanos
Haddad - Nombres árabes
Hadiya - Nombres árabes
Hagan - Nombres germánicos
Håkan - Nombres escandinavos
Håkon - Nombres escandinavos

Halden - Nombres germánicos
Haldis - Nombres escandinavos
Halim - Nombres árabes
Halona - Nombres americanos
Hamid - Nombres árabes
Hamida - Nombres árabes
Harald - Nombres escandinavos
Harley - Nombres británicos
Haroun - Nombres árabes
Harrison - Nombres británicos
Harry - Nombres británicos
Haru - Nombres japoneses
Hassan - Nombres árabes
Haunani - Nombres americanos
Havelock - Nombres escandinavos
Hayfa - Nombres árabes
Hayley - Nombres británicos
Heather - Nombres británicos
Hedda - Nombres escandinavos
Hedeon - Nombres rusos
Hedwig - Nombres germánicos
Heidi - Nombres germánicos
Helaku - Nombres americanos
Helmer - Nombres escandinavos
Helmut - Nombres germánicos
Hendrik - Nombres germánicos
Hendrik - Nombres escandinavos
Henry - Nombres británicos
Herdis - Nombres escandinavos
Heribert - Nombres germánicos
Hermann - Nombres germánicos
Herta - Nombres germánicos
Hervé - Nombres franceses
Hiamovi - Nombres americanos
Hida - Nombres germánicos
Hideaki - Nombres japoneses
Hilary - Nombres británicos
Hilde - Nombres escandinavos
Hildegarde - Nombres germánicos
Hinto - Nombres americanos

Hiowakan - Nombres americanos
Hiroko - Nombres japoneses
Hiromasa - Nombres japoneses
Hiroshi - Nombres japoneses
Hisoka - Nombres japoneses
Hiti - Nombres americanos
Hjalmar - Nombres escandinavos
Hogan - Nombres británicos
Holleb - Nombres centroeuropeos
Honovi - Nombres americanos
Hope - Nombres británicos
Howi - Nombres americanos
Hubert - Nombres germánicos
Hulda - Nombres escandinavos
Humfried - Nombres germánicos
Hunter - Nombres británicos
Husam - Nombres árabes
Huyana - Nombres americanos

I

Iavor - Nombres centroeuropeos
Ibrahim - Nombres árabes
Ida - Nombres germánicos
Idun - Nombres escandinavos
Iglika - Nombres centroeuropeos
Iglu - Nombres americanos
Igor - Nombres rusos
Ikram - Nombres árabes
Ilie - Nombres centroeuropeos
Ilona - Nombres centroeuropeos
Imre - Nombres centroeuropeos
Inaya - Nombres árabes
Inca - Nombres americanos
Inga - Nombres germánicos
Ingeborg - Nombres escandinavos
Ingemar - Nombres escandinavos
Inger - Nombres escandinavos
Ingmar - Nombres escandinavos
Ingrid - Nombres germánicos

Inkeri - Nombres escandinavos
Inti - Nombres americanos
Irma - Nombres germánicos
Irving - Nombres británicos
Isamu - Nombres japoneses
Ishi - Nombres japoneses
Isi - Nombres americanos
Ismail - Nombres árabes
Isolde - Nombres germánicos
Ivan - Nombres rusos
Ivanka - Nombres centroeuropeos
Ivonne - Nombres franceses
Ivy - Nombres británicos
Iwa - Nombres japoneses
Izdijar - Nombres árabes

J

Jacqueline - Nombres franceses
Jacy - Nombres americanos
Jafar - Nombres árabes
Jamal - Nombres árabes
Jane - Nombres británicos
János - Nombres centroeuropeos
Jarek - Nombres centroeuropeos
Jaroslav - Nombres centroeuropeos
Jay - Nombres franceses
Jennifer - Nombres británicos
Jens - Nombres escandinavos
Jerzy - Nombres centroeuropeos
Jihad - Nombres árabes
Jiri - Nombres centroeuropeos
Jiro - Nombres japoneses
Joji - Nombres japoneses
Jolanta - Nombres centroeuropeos
Jorn - Nombres escandinavos
Josette - Nombres franceses
Jules - Nombres franceses
Julinka - Nombres centroeuropeos
Junko - Nombres japoneses

K

Kadar - Nombres árabes
Kaili - Nombres americanos
Kaiyo - Nombres japoneses
Kalani - Nombres americanos
Kalevi - Nombres escandinavos
Kalila - Nombres árabes
Kalle - Nombres escandinavos
Kalwa - Nombres escandinavos
Kamal - Nombres árabes
Kaoru - Nombres japoneses
Karmiti - Nombres americanos
Kaspar - Nombres germánicos
Kaulana - Nombres americanos
Kaya - Nombres americanos
Kazuo - Nombres japoneses
Keahi - Nombres americanos
Keith - Nombres británicos
Kele - Nombres americanos
Kelemen - Nombres centroeuropeos
Kellie - Nombres británicos
Kelsey - Nombres escandinavos
Kendrick - Nombres británicos
Kenneth - Nombres británicos
Kent - Nombres británicos
Kerrie - Nombres británicos
Kerttu - Nombres escandinavos
Kevin - Nombres británicos
Khalid - Nombres árabes
Khalida - Nombres árabes
Khalil - Nombres árabes
Kichi - Nombres japoneses
Kikuko - Nombres japoneses
Kim - Nombres británicos
Kimberly - Nombres británicos
Kimiko - Nombres japoneses
Kin - Nombres japoneses
Kioko - Nombres japoneses

Kiriki - Nombres americanos
Kiril - Nombres centroeuropeos
Kirima - Nombres americanos
Kirk - Nombres británicos
Kirsten - Nombres escandinavos
Kishi - Nombres japoneses
Klaus - Nombres germánicos
Knud - Nombres escandinavos
Kohana - Nombres japoneses
Kolya - Nombres rusos
Konane - Nombres americanos
Konomi - Nombres japoneses
Konrad - Nombres germánicos
Kostya - Nombres rusos
Kosumi - Nombres americanos
Kozue - Nombres japoneses
Kristell - Nombres franceses
Kukiko - Nombres japoneses
Kumi - Nombres japoneses

L

Lacrimioara - Nombres centro-
   europeos
Lada - Nombres rusos
Ladislav - Nombres centroeuropeos
Laila - Nombres árabes
Laila - Nombres escandinavos
Lajos - Nombres centroeuropeos
Lamont - Nombres escandinavos
Lang - Nombres escandinavos
Larisa - Nombres rusos
Lars - Nombres escandinavos
László - Nombres centroeuropeos
Latifa - Nombres árabes
Lautaro - Nombres americanos
Lechsinska - Nombres centro
   europeos
Lee - Nombres británicos
Leigh - Nombres británicos

Leighton - Nombres británicos
Leilani - Nombres americanos
Lennart - Nombres escandinavos
Leonhard - Nombres germánicos
Leonid - Nombres rusos
Leopold - Nombres germánicos
Lesharo - Nombres americanos
Lesley - Nombres británicos
Letizia - Nombres italianos
Lewis - Nombres británicos
Lia - Nombres italianos
Libuse - Nombres centroeuropeos
Lief - Nombres escandinavos
Lilka - Nombres centroeuropeos
Lindsay - Nombres británicos
Linnea - Nombres escandinavos
Liseli - Nombres americanos
Liv - Nombres escandinavos
Lloyd - Nombres británicos
Lonan - Nombres americanos
Lorraine - Nombres franceses
Lothar - Nombres germánicos
Lowell - Nombres franceses
Luana - Nombres americanos
Lubomir - Nombres centroeuropeos
Luboslaw - Nombres centroeuropeos
Ludmila - Nombres centroeuropeos
Ludmila - Nombres rusos
Ludwig - Nombres germánicos
Luise - Nombres germánicos
Lúkács - Nombres centroeuropeos
Luminita - Nombres centroeuropeos
Lusela - Nombres americanos
Lyle - Nombres franceses
Lynn - Nombres británicos

M

Macha - Nombres americanos
Madeleine - Nombres franceses

Maggie - Nombres británicos
Magnar - Nombres escandinavos
Mai - Nombres japoneses
Maija - Nombres escandinavos
Makani - Nombres americanos
Makawi - Nombres americanos
Makia - Nombres americanos
Malcolm - Nombres británicos
Malila - Nombres americanos
Manar - Nombres árabes
Manfred - Nombres germánicos
Mansur - Nombres árabes
Mapi - Nombres americanos
Mapiya - Nombres americanos
Mapuana - Nombres americanos
Margaux - Nombres franceses
Marika - Nombres centroeuropeos
Marin - Nombres centroeuropeos
Marjolaine - Nombres franceses
Marlon - Nombres franceses
Masahiro - Nombres japoneses
Masato - Nombres japoneses
Matilde - Nombres germánicos
Matsuko - Nombres japoneses
Maureen - Nombres británicos
Mauro - Nombres italianos
Mavra - Nombres rusos
Mawiya - Nombres árabes
Maxwell - Nombres británicos
Megan - Nombres británicos
Melker - Nombres escandinavos
Melodie - Nombres franceses
Melva - Nombres británicos
Melvin - Nombres británicos
Meredith - Nombres británicos
Michiko - Nombres japoneses
Mielikki - Nombres escandinavos
Migina - Nombres americanos
Mignon - Nombres franceses
Mihály - Nombres centroeuropeos

Mika - Nombres japoneses
Miloslav - Nombres centroeuropeos
Minka - Nombres centroeuropeos
Minna - Nombres germánicos
Mircea - Nombres centroeuropeos
Mireille - Nombres franceses
Miron - Nombres centroeuropeos
Miroslav - Nombres centroeuropeos
Misao - Nombres japoneses
Mitena - Nombres americanos
Mitsu - Nombres japoneses
Moana - Nombres americanos
Moctezuma - Nombres americanos
Moira - Nombres británicos
Molimo - Nombres americanos
Momi - Nombres americanos
Mona - Nombres británicos
Montgomery - Nombres británicos
Morgan - Nombres británicos
Morley - Nombres británicos
Mufid - Nombres árabes
Muhammad - Nombres árabes
Munira - Nombres árabes
Murray - Nombres británicos
Mustafa - Nombres árabes

N

Nabil - Nombres árabes
Nadia - Nombres rusos
Nadim - Nombres árabes
Nadir - Nombres árabes
Nadzia - Nombres centroeuropeos
Nagisa - Nombres japoneses
Naila - Nombres árabes
Najib - Nombres árabes
Najiba - Nombres árabes
Nalren - Nombres americanos
Nami - Nombres japoneses
Namid – Nombres americanos

Nani - Nombres americanos
Nani - Nombres japoneses
Nantai - Nombres americanos
Nantan - Nombres americanos
Naoko - Nombres japoneses
Nari - Nombres japoneses
Nasser - Nombres árabes
Natane - Nombres americanos
Nawal - Nombres árabes
Nazira - Nombres árabes
Neville - Nombres franceses
Nicia - Nombres italianos
Nida - Nombres árabes
Nidawi - Nombres americanos
Niels - Nombres escandinavos
Nina - Nombres rusos
Ninon - Nombres franceses
Nioko - Nombres japoneses
Nizam - Nombres árabes
Noël - Nombres franceses
Nolan - Nombres británicos
Nudar - Nombres árabes
Nuncio - Nombres italianos
Nur - Nombres árabes

O

Odina - Nombres americanos
Ogima - Nombres americanos
Oleg - Nombres rusos
Olena - Nombres rusos
Olga - Nombres rusos
Olof - Nombres escandinavos
Omar - Nombres árabes
Onata - Nombres americanos
Orane - Nombres franceses
Oriana - Nombres italianos
Orlando - Nombres italianos
Orlena - Nombres franceses
Osip - Nombres rusos

Oswald - Nombres germánicos
Otaktay - Nombres americanos
Otthild - Nombres germánicos
Otto - Nombres germánicos

P

Pakuna - Nombres americanos
Pal - Nombres escandinavos
Parfait - Nombres franceses
Pasha - Nombres rusos
Patrick - Nombres británicos
Pawel - Nombres centroeuropeos
Paxton - Nombres germánicos
Pekka - Nombres escandinavos
Perrine - Nombres franceses
Perry - Nombres británicos
Pilan - Nombres americanos
Piroska - Nombres centroeuropeos
Polly - Nombres británicos
Prodan - Nombres centroeuropeos

Q

Quentin - Nombres británicos
Quetzacoatl - Nombres americanos
Quinn - Nombres británicos

R

Radeya - Nombres árabes
Radka - Nombres centroeuropeos
Radu - Nombres centroeuropeos
Rafik - Nombres árabes
Ragnild - Nombres germánicos
Ragnild - Nombres escandinavos
Rahil - Nombres rusos
Raiden - Nombres japoneses
Raimund - Nombres germánicos
Rainer - Nombres germánicos

Raini - Nombres americanos
Raku - Nombres japoneses
Randolf - Nombres germánicos
Raniya - Nombres árabes
Rasha - Nombres árabes
Rashid - Nombres árabes
Rasia - Nombres centroeuropeos
Raul - Nombres germánicos
Reed - Nombres británicos
Regan - Nombres británicos
Regina - Nombres italianos
Reinhard - Nombres germánicos
Remi - Nombres franceses
Renato - Nombres italianos
Renaud - Nombres franceses
Rendor - Nombres centroeuropeos
René - Nombres franceses
Richard - Nombres germánicos
Rigmor - Nombres escandinavos
Riona - Nombres británicos
Roald - Nombres escandinavos
Robert - Nombres germánicos
Robin - Nombres británicos
Roderick - Nombres germánicos
Roger - Nombres germánicos
Roland - Nombres germánicos
Rolf - Nombres germánicos
Rolf - Nombres escandinavos
Romain - Nombres franceses
Romano - Nombres italianos
Rona - Nombres escandinavos
Rossitva - Nombres centroeuropeos
Rowena - Nombres británicos
Rudi - Nombres germánicos
Rudolf - Nombres germánicos
Ruggero - Nombres italianos
Ruri - Nombres japoneses
Rurik - Nombres escandinavos
Russell - Nombres británicos
Ruusu - Nombres escandinavos

Ruxandra - Nombres centroeuropeos
Ruzena - Nombres centroeuropeos
Ryan - Nombres británicos

S

Sabrina - Nombres italianos
Saburo - Nombres japoneses
Sacha - Nombres rusos
Sadiya - Nombres árabes
Safiya - Nombres árabes
Sahar - Nombres árabes
Sai - Nombres japoneses
Sakura - Nombres japoneses
Salam - Nombres árabes
Salim - Nombres árabes
Salima - Nombres árabes
Samir - Nombres árabes
Samiya - Nombres árabes
Samuru - Nombres japoneses
Sándor - Nombres centroeuropeos
Sandro - Nombres italianos
Sanuye - Nombres americanos
Sedna - Nombres americanos
Seiko - Nombres japoneses
Selma - Nombres escandinavos
Senta - Nombres germánicos
Serguei - Nombres rusos
Shadi - Nombres árabes
Sharif - Nombres árabes
Sharifa - Nombres árabes
Sheldon - Nombres británicos
Shelley - Nombres británicos
Shino - Nombres japoneses
Shirley - Nombres británicos
Shiro - Nombres japoneses
Shizu - Nombres japoneses
Sidney - Nombres británicos
Siegfred - Nombres germánicos
Siegmund - Nombres germánicos

Signild - Nombres escandinavos
Sigrid - Nombres escandinavos
Sigurd - Nombres escandinavos
Silje - Nombres escandinavos
Silke - Nombres germánicos
Silvano - Nombres italianos
Sinéad - Nombres británicos
Sitala - Nombres americanos
Siv - Nombres escandinavos
Solange - Nombres franceses
Solveig - Nombres escandinavos
Sonia - Nombres rusos
Sonja - Nombres escandinavos
Sören - Nombres escandinavos
Sorine - Nombres escandinavos
Stanislav - Nombres centroeuropeos
Stanislav - Nombres rusos
Stanley - Nombres británicos
Stewart - Nombres británicos
Stig - Nombres escandinavos
Stina - Nombres escandinavos
Stoian - Nombres centroeuropeos
Suhail - Nombres árabes
Sujaila - Nombres árabes
Suki - Nombres japoneses
Sunhild - Nombres germánicos
Suzuki - Nombres japoneses
Svante - Nombres escandinavos
Svend - Nombres escandinavos
Svetlana - Nombres rusos
Sybil - Nombres británicos
Synnove - Nombres escandinavos

T

Tadi - Nombres americanos
Tadita - Nombres americanos
Taini - Nombres americanos
Tajira - Nombres árabes
Takara - Nombres japoneses

Takeko - Nombres japoneses
Takeshi - Nombres japoneses
Taki - Nombres japoneses
Takoda - Nombres americanos
Talib - Nombres árabes
Taliba - Nombres árabes
Taluta - Nombres americanos
Tama - Nombres japoneses
Tamir - Nombres árabes
Tanaka - Nombres japoneses
Tané - Nombres japoneses
Tanya - Nombres rusos
Tara - Nombres británicos
Tarif - Nombres árabes
Tarik - Nombres árabes
Taro - Nombres japoneses
Tatsu - Nombres japoneses
Tayanita - Nombres americanos
Telek - Nombres centroeuropeos
Temenuzhka - Nombres centro-
    europeos
Terry - Nombres británicos
Thara - Nombres árabes
Theobald - Nombres germánicos
Thierry - Nombres franceses
Thor - Nombres escandinavos
Tiberio - Nombres italianos
Tibor - Nombres centroeuropeos
Tierney - Nombres británicos
Tilda - Nombres germánicos
Tilda - Nombres escandinavos
Tito - Nombres italianos
Todd - Nombres británicos
Tokala - Nombres americanos
Tokiwa - Nombres japoneses
Tomlin - Nombres británicos
Tora - Nombres japoneses
Tordis - Nombres escandinavos
Torrance - Nombres británicos
Torsten - Nombres escandinavos

Torunn - Nombres escandinavos
Toshi - Nombres japoneses
Toshihiro - Nombres japoneses
Tracy - Nombres británicos
Trevor - Nombres británicos
Trista - Nombres italianos
Tsvetan - Nombres centroeuropeos
Tünde - Nombres centroeuropeos
Tupac - Nombres americanos

U

Ula - Nombres británicos
Ullrich - Nombres germánicos
Ulrika - Nombres germánicos
Unn - Nombres escandinavos

V

Vaclav - Nombres centroeuropeos
Valdemar - Nombres escandinavos
Valeri - Nombres rusos
Valerio - Nombres italianos
Valeska - Nombres centroeuropeos
Vanessa - Nombres británicos
Vanya - Nombres rusos
Varvara - Nombres rusos
Vasili - Nombres rusos
Vaughn - Nombres británicos
Vedis - Nombres escandinavos
Velika - Nombres rusos
Velyo - Nombres centroeuropeos
Vera - Nombres rusos
Verena - Nombres germánicos
Vidor - Nombres centroeuropeos
Vigdis - Nombres escandinavos
Vijo - Nombres americanos
Viljo - Nombres escandinavos
Viorica - Nombres centroeuropeos
Vitale - Nombres italianos

Viveka - Nombres escandinavos
Vladimir - Nombres rusos
Vladislav - Nombres rusos
Vlasta - Nombres centroeuropeos
Volker - Nombres germánicos

W

Wahid - Nombres árabes
Wallace - Nombres británicos
Wallis - Nombres británicos
Walther - Nombres germánicos
Wambly - Nombres americanos
Wanda - Nombres germánicos
Wapi - Nombres americanos
Wasim - Nombres árabes
Wayne - Nombres británicos
Wenda - Nombres británicos
Werner - Nombres germánicos
Whakan - Nombres americanos
Whitney - Nombres británicos
Wienczyslaw - Nombres centro-
    europeos
Wilfred - Nombres germánicos
Wilhelm - Nombres germánicos
Winifred - Nombres germánicos
Winono/a – Nombres americanos
Wolfgang - Nombres germánicos
Wynnie - Nombres británicos

Y

Yamina - Nombres árabes
Yasahiro - Nombres japoneses

Yasmin - Nombres árabes
Yasu - Nombres japoneses
Yatai - Nombres americanos
Yayoi - Nombres japoneses
Yeva - Nombres rusos
Yngve - Nombres escandinavos
Yoko - Nombres japoneses
Yolande - Nombres franceses
Yrjo - Nombres escandinavos
Yukio - Nombres japoneses
Yuliya - Nombres rusos
Yurik - Nombres rusos
Yusuf - Nombres árabes
Yves - Nombres franceses

Z

Zafira - Nombres árabes
Zahid - Nombres árabes
Zajira - Nombres árabes
Zaltana - Nombres americanos
Zigana - Nombres centroeuropeos
Zitkala - Nombres americanos
Ziven - Nombres centroeuropeos
Ziven - Nombres rusos
Ziyad - Nombres árabes
Zoltan - Nombres centroeuropeos
Zoya - Nombres rusos
Zubaida - Nombres árabes
Zuhair - Nombres árabes
Zytka - Nombres centroeuropeos

III. Nombres de animales domésticos

Poner nombre a un animal doméstico es un libre ejercicio de imaginación que abarca casi toda una enciclopedia. Un perro puede llamarse tanto *Negro*, como *Bravo* o *Trotsky*; y un gato llevar los nombres de *Beethoven*, *Bolita* o *Trafalgar,* por lo que sería imposible enumerar los miles de nombres propios o adjetivos castellanos que pueden utilizarse para bautizarlos. En este apartado seleccionamos los nombres de origen extranjero, desde los más tradicionales a los de cierta originalidad, incluyendo también algunos nombres propios de la mitología y la historia, e indicando el sexo y carácter a los que se sugiere aplicarlos.

En principio se trata de nombres que pueden darse tanto a perros como gatos, y también a otros animales domésticos como hámsters o periquitos. Queda a buen criterio del lector el escoger los que mejor se adapten al tipo, raza y talante de su propio animal de compañía.

Álex   Apócope de *Alexander*. Para machos grandes y de defensa.

Angriff   En alemán, «ataque». Para machos de eso, de ataque.

Anko   De origen búlgaro. Para machos robustos de aire centroeuropeo.

Anuk   De origen esquimal. Para machos de razas árticas.

Apache   Por la tribu americana y los «chulos» parisienses. Para machos indómitos y donjuanescos.

Apolo   Por el dios griego. Para machos guapos y altivos.

Aramis   Uno de los tres mosqueteros. Para machos duelistas y enamoradizos.

Archi   Personaje de cómic. Para machos algo desgarbados e ingenuos.

Arrow   En inglés, «flecha». Para machos veloces y punzantes.

Artus   Por el legendario rey Arturo. Para machos nobles y poderosos.

Astérix   Por el personaje de cómic. Para cachorros bravos y simpáticos.

Athos   Uno de los tres mosqueteros. Para machos nobles y luchadores.

Atila   Por el rey de los hunos. Para machos de ataque arrasadores.

Axel   Versión germana de Alexander (ver *Álex*).

Babo   Nombre de animal doméstico, para machos tranquilos y grandes.

Baby   Del inglés, «nena», para hembras pequeñas y bonitas.

Bacará   Por el juego de cartas, para hembras elegantes y azarosas.

Balú   Por el oso de Disney, para machos grandes y pesados.

Bambi   Por el ciervo de Disney, para cachorros de ambos sexos.

Barry   Diminutivo irlandés, especial para machos de San Bernardo.

Basil   Nombre húngaro, para machos un tanto aristocráticos.

Batman   Héroe de ficción, para machos de defensa justicieros.

Beau   En francés, «bueno» y también «bello». Para machos que lo sean.

Becky   Diminutivo de Elizabeth. Para hembras de aire británico.

Benny   Diminutivo de Benjamín. Para machos alegres y juguetones.

Benzo   Nombre de animal doméstico, para machos corpulentos y tranquilos.

Berdy   Del inglés *beard*, «barba». Para machos que la llevan.

Bibbi   Diminutivo para cachorras coquetas y simpáticas.

Bibo   Nombre de animal doméstico, para machos robustos y cariñosos.

Big   En inglés, «grande». Para machos enormes de talante flemático.

Bimbo   Diminutivo para cachorros buenos como el pan.

Bionda   En italiano, «rubia». Para hembras de pelaje claro.

Bismark   Por el mariscal prusiano. Para machos marciales e invencibles.

Blackie   En inglés, «negrita». Para hembras de pelaje oscuro.

Blanki   Diminutivo de blanco, para animales de ambos sexos.

Blondin   Del inglés *blondie*, «rubia». Para hembras claras.

Bobby   Diminutivo muy popular para todo tipo de machos.

Bogart   Por el mítico actor, para machos duros de corazón tierno.

Bombón   Nombre unisex para cachorros pequeños y dulces.

Bonny/ie   Del inglés, para machos y hembras bonitos y saludables.

Bonsai   Del japonés, «arbolito». Para cachorros pequeños, pero como los grandes.

Boy   En inglés, «chico, muchacho». Para todo tipo de machos juveniles.

Brando   Por el célebre actor, para machos pesados pero expresivos.

Bravo   Se usa también en otras lenguas, para machos de ataque y defensa.

Bronco   En inglés, «potro salvaje». Para machos de talante indomable.

Bruno/a   En italiano, «moreno/a». Para cachorros/as de pelaje oscuro.

Bubi   Nombre de animal doméstico, para cachorras mimosas y delicadas.

Buggy   Del inglés, «coche de bebé». Para machos que cuidan niños.

Bully   Del inglés, «torito». Para cachorros bravos.

Bunny/ie   Del inglés, «conejito». Para machos y hembras ágiles y con gracia.

Byron   Por el poeta británico, para machos esbeltos y aristocráticos.

Caddie   Del inglés, para machos serviciales y seguidores.

Candy   Del inglés, «caramelo». Para hembras pequeñas y dulces.

Captain   En inglés, «capitán». Para machos marciales y autoritarios.

Caruso   Por el famoso tenor italiano. Para machos de amos líricos.

César   Por el emperador y general romano. Para machos altivos y combativos.

Cid   Por el adalid hispano. Para machos guerreros con talante de líder.

Ciro   Por el gran rey persa. Para machos majestuosos y conquistadores.

Cleo   Diminutivo de Cleopatra. Para hembras reales y seductoras.

Clover   En inglés, «trébol». Para machos afortunados y alegres.

Clown   En inglés, «payaso». Para machos graciosos y divertidos.

Cocky   Nombre de animal doméstico para la raza Cocker.

Cocó   Por la modista Chanel. Para cachorras elegantes y resultonas.

Comanche   Por la tribu indoamericana. Para machos combativos y algo salvajes.

Conan   Personaje de ficción fantástica. Para machos poderosos y justicieros.

Connye/ie   En inglés, «constancia». Para machos pacientes y tenaces.

Cowboy   En inglés, «vaquero». Para machos independientes y aventureros.

Crack   Del inglés, «de gran categoría». Para machos deportivos y destacados.

Cuba   Por el país latinoamericano. Para hembras de talante caribeño.

Champion   En inglés, «campeón». Para machos vencedores.

Chantal   Del francés, «canción». Para hembras alegres y melodiosas.

Charlot   Por Charlie Chaplin, para machos graciosos y talentosos.

Chef	En francés, «jefe». Para machos dignos y de respeto.
Cherie	En francés, «querida». Para hembras adorables y cariñosas.
Cherry	Del inglés «cereza» o «licor de jerez». Para hembras espirituosas.
Chester	Del inglés, «castillo, fortaleza». Para machos fuertes y protectores.
Cheyenne	Por la tribu indoamericana, para machos veloces y aguerridos.
Daisy	En inglés «margarita». Para hembras humildes pero bonitas.
Dandy	En inglés, «elegante». Para machos esbeltos y refinados.
Darling	En inglés, «querida». Para hembras que despiertan mucho amor.
Dexter	En inglés, «diestro». Para machos muy habilidosos.
Diavolo	En italiano, «diablo». Para machos satánicos.
Dido/i	Del nombre francés *Didier*, «deseado». Para machos muy esperados.
Divo/a	Del latín, «divino, adorado». Para machos y hembras que merezcan tal nombre.
Dixie	En inglés «marmita». Para cachorros pequeños y regordetes.
Dolly	En inglés, «muñeca». Para hembras bonitas y juguetonas.
Dragan	En húngaro, «dragón». Para machos capaces de echar fuego.
Dudú	Nombre de animal doméstico, para cachorras pequeñas y pizpiretas.
Dusty	En inglés, «polvoriento». Para machos de talante vagabundo.
Dux	Por los antiguos gobernantes de Venecia. Para machos altivos y refinados.
Emir	Por los príncipes árabes. Para machos principescos y orientales.
Etzel	Versión germánica de *Atila* (ver).
Fakir	Del árabe, «prudente, sabio». Para machos que las ven venir.
Fancy	En inglés «amena, divertida». Para cachorras graciosas.
Faruk	Del árabe, «el que sabe distinguir la verdad». Para machos difíciles de engatusar.
Fido	Nombre de animal doméstico muy popular, del latín *fidelis*, «fiel». Para machos muy leales.
Fifí	Nombre de animal doméstico de origen francés, para cachorras coquetas y seductoras.
Flash	En inglés, «rayo». Para machos rápidos y destructores.
Flegel	Del alemán, «bestia». Para machos feotes y brutales.
Floppy	Del inglés, «florida». Para hembras coloridas y vistosas.
Fox	En inglés, «zorro». Para machos cazadores y/o astutos.
Franz	Nombre germano, aplicable a machos de ese origen o carácter.
Freud	Por el creador del psicoanálisis, para machos neuróticos de amos intelectuales.

Freund   En alemán, «amigo». Para machos fieles y compañeros.

Frisco   Apócope de la ciudad de San Francisco. Para machos de aire californiano.

Fritz   Nombre germano (ver *Franz*).

Funny   En inglés, «gracioso/a». Para cachorros alegres y divertidos.

Furio/a   Del latín *ídem*, para machos de gran furor.

Gandhi   Por el líder pacifista hindú. Para machos tranquilos y perseverantes.

Garbo   Por la actriz Greta Garbo, para hembras sugestivas y algo misteriosas.

Gilda   Por el personaje de Rita Hayworth. Para hembras fuertes y sugestivas.

Ginger   En inglés, «jengibre». Para hembras picantes y algo exóticas.

Gipsy   En inglés, «gitano». Para machos independientes y errabundos.

Goldy   Del inglés, «dorado/a». Para machos de color oro.

Goliat   Por el gigante bíblico. Para machos grandes y amenazadores.

Götz   Del alemán, «ídolo». Para machos poderosos y adorados.

Greta   Del alemán, «perla» (ver *Garbo*).

Gringo   En Hispanoamérica, «anglosajón». Para machos rubios y pelirrojos.

Gufy   Por el personaje de Disney, para machos bonachones y algo torpes.

Guy   Del francés, «guía». Para machos exploradores y lazarillos.

Hakim   Del árabe, «jefe». Para machos autoritarios de talante oriental.

Hamlet   Por el personaje de Shakespeare. Para machos dubitativos.

Happy   En inglés, «feliz». Para machos que se lo pasan muy bien.

Hércules   Por el personaje mitológico. Para machos fuertes y laboriosos.

Hero   En inglés, «héroe». Para machos proclives a las hazañas.

Hippie   Por el contestatario de los 60. Para machos peludos y algo rebeldes.

Hula   Del hawaiano, «mecerse». Para hembras cálidas y ondulantes.

Hunter   En inglés, «cazador». Para machos de caza de aire británico.

Idefix   Por el personaje de cómic. Para cachorros leales y reflexivos.

Indiana   Por el personaje cinematográfico. Para machos guapos y aventureros.

Jackie   Por la Sra. Kennedy-Onassis. Para hembras elegantes y refinadas.

Jingle   En inglés, «tintineo, cascabeleo». Para cachorros/as alegres y saltarines.

Joker   El naipe de la suerte. Para machos graciosos y comodines.

Jolly	En inglés, «jovial». Para machos de buen talante.
Jumbo	En inglés «elefante». Para machos enormes y pesados.
Jumper	En inglés, «saltarín». Para machos inquietos y juguetones.
Junior	En inglés, «joven». Para machos pequeños e inexpertos.
Kaiser	En alemán, «emperador». Para machos majestuosos de aire prusiano.
Kampfer	En alemán, «combatiente». Para machos guerreros y marciales.
Kerrin	Del gaélico, «negro». Para machos de pelaje oscuro.
Kid	En inglés, «chico». Para machos juveniles.
Kiki	Nombre de animal doméstico, para cachorras suaves y tranquilas.
Kim	Del inglés, «jefe». Para machos autoritarios y responsables.
King	En inglés, «rey». Para machos majestuosos e imponentes.
King Kong	Por el mítico gorila. Para machos terroríficos pero buenos.
Kiwi	Por el fruto. Para cachorros/as dulces y algo exóticos/as.
Klaus	Del alemán, «victorioso». Para machos que no pueden perder.
Korsar	Del alemán, «corsario». Para machos audaces y marineros.
Krieger	En alemán, «guerrero». Para machos germánicos combativos.
Kuki	Nombre de animal doméstico, para cachorras pequeñas y de buena compañía.
Kung-Fu	Por el arte marcial. Para machos luchadores pero serenos.
Kurt	Del alemán, «honesto consejero». Para machos de buena compañía.
Lady	En inglés, «dama». Para hembras muy finas y respetables.
Lassie	Por el célebre personaje canino del cine. Para hembras de pastor alemán.
Leiter	En alemán, «líder, jefe». Para machos autoritarios y admirados.
Lenin	Por el político comunista ruso. Para machos revolucionarios.
Leo	Del latín, «león». Para machos potentes y soberbios.
Lilie	Del alemán, «azucena». Para cachorras floridas y discretas.
Lissy	Diminutivo de Elizabeth. Para hembras de talante británico.
Lulú	Nombre de animal doméstico, para cachorras frívolas y coquetas.
Magnum	Del latín, «muy grande». Para machos enormes y poderosos.
Magnus	Variante del anterior.
Mambo	Por el ritmo caribeño. Para machos alegres y con marcha.
Marte	Por el dios romano de la guerra. Para machos combativos.
Max	Diminutivo de Máximo. Para machos superiores.
Melba	Por la soprano y el postre. Para hembras dulces pero complicadas.

Merlin   Por el mago legendario. Para machos habilidosos y sutiles.

Mickey   Por el ratón de Disney. Para cachorros honestos y valerosos.

Mister   Del inglés, «señor». Para machos de respeto.

Moby   Por la ballena Moby Dick. Para hembras grandes y blancas.

Molly   Del inglés, «implacable». Para hembras que no perdonan.

Monster   Del inglés, «monstruo». Para machos feos y de ataque.

Morfeo   Dios del sueño. Para machos tranquilos y adormilados.

Napo   Apócope de Napoleón. Para machos pequeños pero ambiciosos.

Navajo   Por la tribu indoamericana. Para machos luchadores y filosos.

Nero   En italiano, «negro». Para machos de pelaje oscuro.

Nerón   Por el emperador romano. Para machos poderosos y alocados.

Nikita   Del ruso, «victorioso». Para machos que siempre ganan.

Obélix   Por el personaje de cómic. Para machos gordos, golosos y bonachones.

Orlof   Apellido principesco zarista. Para machos aristócratas y refinados.

Orson   Por el cineasta Orson Welles. Para machos talentosos y desmedidos.

Pachá   Por los sátrapas turcos. Para machos que se dan la gran vida.

Pampa   Por las llanuras argentinas. Para hembras extensas y salvajes.

Pancho   Apodo mexicano de Francisco. Para machos inmutables y siesteros.

Panda   Por el conocido osito. Para cachorros/as que se le parezcan.

Panther   En inglés, «pantera». Para hembras oscuras, felinas y fieras.

Partner   En inglés, «socio». Para machos amistosos y de buena compañía.

Pazzo   En italiano, «loco». Para machos de carácter imprevisible.

Pfeffer   En alemán, «pimienta» (ver *Piper*).

Penny   En inglés, «penique». Para cachorros/as pequeñitos/as.

Piccolo   En italiano, «pequeño». Para cachorros de aire mediterráneo.

Pinky   Del inglés, «rosado/a». Para cachorros/as de pelaje rojizo.

Pinocho   Por el muñeco del cuento. Para machos de morro alargado.

Piper   En inglés, «pimienta». Para hembras inquietas y picantes.

Pipo   Nombre de animal doméstico, para machos simpáticos y juguetones.

Platón   Por el filósofo, para machos idealistas y reflexivos.

Pluto   Por el personaje canino de Disney. Para machos torpes de buena voluntad.

Poppy   Nombre de animal doméstico, para cachorras simpáticas y pizpiretas.

Prinz   Del alemán, «príncipe». Para machos germánicos aristocráticos.

Puma   Por el tigre sudamericano. Para machos felinos de pelaje dorado.

Rainer   En alemán, «Rainiero». Para machos principescos y algo frívolos.

Rambo   Por el personaje cinematográfico. Para machos pendencieros y fuertes.

Ramsés   Por el célebre faraón. Para machos enigmáticos e inmutables.

Rauber   En alemán, «bandolero». Para machos bandidos y asaltantes.

Ray   Del inglés, «rayo». Para machos rápidos y radiantes.

Rex   Del latín, «rey» (ver *King*).

Rick   Por el personaje del film *Casablanca* (ver *Bogart*).

Rin-Tin-Tin Célebre personaje canino del cine. Para perros machos honestos y valerosos.

Ringo   Por uno de los *Beatles*. Para machos feos de corazón tierno.

Robin   Por Robin Hood. Para machos rebeldes y justicieros.

Rolf   Del noruego, «lobo». Para machos que se parecen a sus primos salvajes.

Roxy   Nombre de animal doméstico, probablemente de «rey, real» (ver *King*).

Roy   Del antiguo francés, «rey» (ver *King*).

Rufus   Del latín, «rojo, rubio». Para machos de pelaje rojizo y aire latino.

Rugby   Por ese deporte, para machos rudos y luchadores.

Rusty   En inglés, «rústico, torpe». Para machos que merezcan tal nombre.

Saba   Por el país de la reina bíblica. Para hembras enigmáticas y poderosas.

Safran   En inglés, «azafrán». Para machos de pelaje amarillo-naranja.

Salomé   Por la princesa bíblica. Para hembras cautivadoras y vengativas.

Sambo   Tipo de mestizaje afro-americano. Para machos castaños o mestizos.

Samurai   Por los antiguos guerreros japoneses. Para poderosos machos de ataque.

Sancho   Por el personaje de *El Quijote*. Para machos gordos y perezosos.

Sandal   Del inglés, «sándalo». Para cachorras exóticas y fragantes.

Sandor   Por un legendario guerrero húngaro. Para machos luchadores de aire centroeuropeo.

Satchmo   Por el trompetista Louis Armstrong. Para machos negros y simpáticos.

Schnautzi	Nombre de animal doméstico, exclusivo para la raza *schnautzer*.
Schwarzy	En alemán, «negrito». Para machos oscuros de talante germánico.
Shadow	En inglés, «sombra». Para machos oscuros y sigilosos.
Sharon	Por la actriz Sharon Stone. Para hembras sensuales y atractivas.
Sheriff	Por el comisario del *far-west*. Para machos nobles y justicieros.
Sioux	Por la tribu indoamericana. Para machos combativos e indomables.
Sirocco	Por el viento africano. Para machos veloces e imparables.
Sissi	Por la emperatriz de Austria. Para cachorras finas y románticas.
Smarty	En inglés, «listillo». Para cachorros que lo sean.
Sócrates	Por el filósofo, para machos serenos y reflexivos.
Speedy	Del inglés, «rápido». Para machos veloces e inalcanzables.
Speer	En alemán, «dardo». Para machos veloces y acertados.
Stanley	Por el explorador norteamericano. Para machos buscadores incansables.
Starlet	En inglés, «estrellita». Para cachorras guapas y luminosas.
Super	Del latín, «superior». Para machos muy diestros en todo.
Swing	Por ese ritmo de *jazz*. Para machos urbanos con *swing*.
Tanga	Por la prenda de baño brasileña. Para cachorras muy pequeñas y delgadas.
Tango	Por ese ritmo argentino. Para machos melancólicos y misóginos.
Tapfer	En alemán, «valiente». Para machos bravos y audaces.
Tarzán	Por el héroe de ficción. Para machos selváticos y acrobáticos.
Terry	Diminutivo de Terrier. Adecuado para esta raza de perros.
Texas	Por el Estado de los vaqueros. Para machos rudos y valerosos.
Thor	Por el dios escandinavo del trueno. Para machos fuertes y tormentosos.
Tiger	En inglés, «tigre». Para machos de presa fuertes y sigilosos.
Tinto/a	Del latín *tinctus*, «pintado». Para animales coloridos o con topos.
Titán	Gigantesco forzudo mitológico. Para machos grandes y poderosos.
Toby	Nombre de animal doméstico, sin significado especial. Para machos a cuyos amos les guste.
Topsy	Del inglés, «lo más alto». Para machos elevados y superiores.
Tosca	Por la ópera de Verdi. Para hembras sufridas y resistentes.
Trajano	Por el emperador romano. Para machos victoriosos y triunfales.
Treu	En alemán, «fiel». Para machos leales y de buena compañía.
Trotsky	Por el revolucionario ruso. Para machos combativos e irreductibles.

Turbo	Por el sistema de impulsión. Para machos muy inquietos y veloces.
Twiggy	En inglés, «astillita». Para cachorras frágiles pero tenaces.
Urso	En italiano, «oso». Para machos grandes y peludos.
Velvet	En inglés, «terciopelo». Para hembras suaves y sedosas.
Vento	En italiano, «viento». Para machos veloces e inatrapables.
Venus	Por la diosa del amor. Para hembras hermosas y adorables.
Vodka	Por el aguardiente ruso. Para hembras fuertes y mareantes.
Whisky	Por el licor escocés. Para machos de pelaje amarillo-dorado.
Woody	Del inglés, «palito». Para cachorros delgados y finos.
Yogi	Por el famoso osito. Para cachorros que se le parecen.
Yoko	Del japonés, «femenina». Para hembras suaves pero resistentes.
Yukón	Por el río de Alaska. Para machos de origen ártico.
Zar	Emperador de Rusia. Para machos poderosos y majestuosos.
Zeus	Por el dios griego. Para machos potentes y olímpicos.
Zoltan	Del húngaro, «vital». Para machos fuertes y activos.
Zombie	Personaje del cine de terror. Para machos adormilados e impasibles.
Zuzú	Nombre de animal doméstico, de origen alemán. Para hembras de aire germánico.

Índice

En el origen de todas las civilizaciones hallamos la creencia de que otorgar un nombre concede poder sobre quien lo recibe, es como determinar su destino y posibilidades: Tanto es así que en Oriente y en las sociedades tradicionales o secretas se recomienda cambiar de nombre a partir de cierto grado de evolución personal. De aquí la importancia de elegir cuidadosamente el nombre que debemos imponer a un recién nacido, y en la duda entre aquellos que nos gustan, vale la pena tener en cuenta la sutil influencia que puedan ejercer sobre el carácter y el destino del neonato teniendo en cuenta que el nombre va moldeando la personalidad a lo largo de la vida.

ISBN: 84-7927-121-3

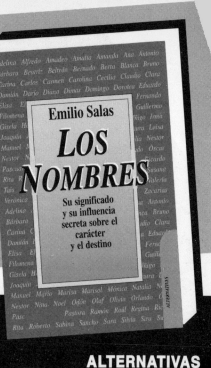

El significado e influencia secreta de los nombres sobre el carácter y el destino.

ALTERNATIVAS

Concebido como un manual práctico de consulta, y de la mano de un experto en obras médicas de divulgación, este libro no sólo le enseñará la forma y ubicación de los órganos y el funcionamiento de los distintos sistemas corporales, sino que le aconsejará y despejará sus dudas en el ámbito de la prevención y el mantenimiento saludable del organismo. El objetivo: conocer su cuerpo para poder disfrutar de él.

- ¿Cómo se desarrolla la concepción de un nuevo ser?
- ¿Cómo paliar la descalcificación ósea?
- ¿Qué fenómenos nerviosos inducen el movimiento?
- ¿Cómo interpretar el ritmo cardíaco a través de un electrocardiograma?
- ¿Cómo se producen y se evitan los diferentes tipos de hepatitis?

Ilustrado
ISBN: 84-7927-434-4

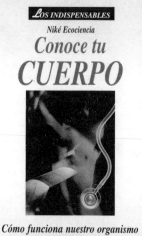

Una guía completa de referencia para comprender el funcionamiento de nuestro propio cuerpo y evitar trastornos.

Los Indispensables

...mina todas las claves imprescindibles sobre la elaboración y presentación de cócteles.

- Cómo preparar y servir los cócteles más conocidos en nuestra cultura social.
- Los orígenes y evolución de las mezclas a lo largo de la historia.
- Consejos para disponer de un bar perfectamente surtido en tu propia casa.
- Conocer los utensilios más adecuados para la elaboración de cada mezcla.
- Los tipos de copas o vasos apropiados a cada cóctel.

Aprende a superar todos tus temores y a dominar los resortes necesarios para captar la atención de la audiencia.

- Cuáles son las cualidades de un buen orador.
- Cómo adaptar tu discurso a las circunstancias (lugar, posición ante el público, horario...).
- Actitudes que debe adoptar el orador en función del tipo de público.

El nombre no sólo nos identifica, sino también nos proporciona una personalidad única.

- La etimología, historia y características de cada nombre.
- Una relación completa de nombres con sus respectivas onomásticas.
- La influencia de la numerología aplicada a los nombres de personas.
- Por qué la elección de un determinado nombre condiciona nuestro carácter.
- Conocer numerológicamente qué valor final resulta de sumar nombre y apellidos.
- Descubrir el simbolismo que tradicionalmente se ha otorgado a cada nombre.